U0010641

Fans:
A Journey into the Psychology of Belonging

粉絲心理學

偶像狂熱與群性，如何影響社會
團結與分裂，和我們的身分認同

麥可·龐德Michael Bond ◎著

郭璞 ◎譯

晨星出版

致全世界所有飽受熱情之苦的粉絲

For all fans everywhere who have suffered
for their passions

c o n t e n t s

1 粉絲圈的社會史
A Social History of Fandoms

我曾經在倫敦市中心的圖書館待過一陣子。[1]偶爾，當我從公車站往那邊走的時候，會發現有數百名興奮的孩子在排隊，而我不得不請他們讓讓路。這列隊伍始於皮卡迪利（Piccadilly）的水石書店（Waterstone）旗艦店門口，綿延至傑明街（Jermyn Street）周圍，一路到山下的聖詹姆斯廣場（St James's Square）。許多孩子的打扮宛如來自冥界的人物，看他們的樣子，似乎正在等著某件足以改變他們終生的大事發生，而也確實如此。幾個小時後，他們從街上湧入商店，成為世界上第一批拿到最新一集《哈利波特》的年輕人。

J.K.羅琳的巫師男孩並非第一個吸引大批人潮的虛構角色。將近兩個世紀前，喜愛狄更斯（Charles Dickens）系列小說的人會在書報亭和圖書館排隊好幾個小時，只為購買或借閱最新一集。有成千上萬的人想聽他公開朗誦書中內容。狄更斯的《匹克威克外傳》（*The Pickwick Papers*）大獲成功，最後一集賣出了四萬本。這使得狄更斯躋身文藝界名人，可謂同儕中首屈一指

的人物。其子亨利在1928年回憶道：「和他一起走在倫敦街頭十分張揚，簡直像是皇室出巡。當他經過時，下至販夫走卒，上至王公貴族都脫帽向他致意。」[2]幾十年後，亞瑟‧柯南‧道爾（Arthur Conan Doyle）以及他筆下的福爾摩斯受喜愛的程度亦幾可比擬。[3]「鐵道書攤的場面如此混亂，比我見過的任何一場跳樓大拍賣都還可怕。」一名目擊者如此陳述。[4]

就如同為《哈利波特》排隊的年輕讀者一樣，狄更斯和柯南‧道爾的愛好者就是現代定義下的「粉絲」（fans），雖然在那個年代，他們還不會被如此歸類。「粉絲」這個詞直到1900年代才開始經常使用；它源自「狂熱者」（fanatic），由棒球比賽承辦人泰德‧蘇利文（Ted Sullivan）於1884年創造，用以形容熱心的球賽贊助者。[5]「棒球迷是一種獨特的美國物種，也是所有愛好者中最狂熱的。」《美國雜誌》（*The American Magazine*）在1910年指出：「與之相比，高爾夫球迷、橋牌迷甚至保齡球迷都相當溫和。」[6]

粉絲的奉獻是一種群體衝動。雖然你確實有可能當個孤獨的粉絲，只從遠處崇拜，但總有些時候，我們大多數人都會想要將自己的熱情向外宣洩，與其他懷有相同愛好的人一起景仰偶像。喬治華盛頓大學（George Washington University）研究粉絲文化的凱西‧拉森（Kathy Larsen）說：「如果你如此喜歡某樣事物，你就會想要分享，想要和其他人搭上線並盡情談論。」

聯繫其他有共同興趣的人並非總是易事。在十九世紀和二十世紀初，粉絲很難見到自己附近社區以外的人（不過，體育迷只要去現場看比賽，就能搔到癢處）。直到1926年，美國一位名叫雨果‧根斯巴克（Hugo Gernsback）的雜誌發行人推出了《驚奇故事》（*Amazing Stories*），這是一本專門談論科幻小說的月刊。改變粉絲社交生活的革命，就從其讀者回函頁難以置信地展開了。這本雜誌採用一項不尋常的策略：印出訂閱者的郵箱

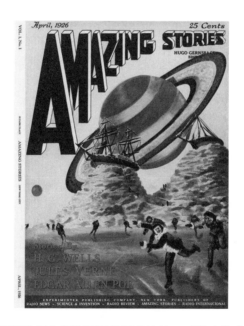

透過這些印在信件頁面的讀者地址，《驚奇故事》
讓第一批科幻粉絲圈邁出了第一哩路。

地址，而使他們得以互相通信。雜誌讀者開始意識到，自己並非唯一喜愛這些事物的人，並且非常渴望找到其他人。有些讀者因此變成筆友，成立粉絲俱樂部，並出版他們自己的雜誌，或稱「粉絲誌」（fanzines）。他們或許是有史以來第一個認真的粉絲社群，並幾乎可以肯定是第一批已知的科幻「粉絲圈」（fandom）。[7]

到了1960年代，科幻迷不僅是消費者，更已經成為倡議者和鼓動者。1967年，《星艦迷航記》（Star Trek）播出兩季後，美國國家廣播公司（NBC）打算取消後續製作。然而，製作人收到115,893封信要求他們繼續（他們不得不從善如流）。[8]到了1988年，市面上至少有120本粉絲製作的《星艦迷航記》雜誌在流通。[9]儘管這檔節目如此受歡迎，但與未來相比，這些粉絲的舉動只不過是一時的狂熱現象罷了。《星際大戰》（Star Wars）在1977年首映，將粉絲的參與度提升至全新的程度。這個粉絲圈拓展至全球。媒體研究專家威爾・布魯克（Will Brooker）在2002年寫道：「對許多人來說，包括我在內，這是我們生活中最重要的文化文本。」[10]對這個系列全面輸誠已成為主流文化中的常態。比如，在2013年對《星際大戰》線上社群的調查中，有人這樣表示：

除了生理需求以及整體的文化因素外，沒有任何事物比

《星際大戰》影響我更深遠，它深深形塑我對現實的看法以及我的生活方式。如果你在我身上劃一刀，我流出來的血都會是《星際大戰》。[11]

在社群媒體出現以前，需要相當的聰明才智加上堅持不懈，才能夠建立和興趣相關的社交場合。蕾雅・霍姆斯（Leah Holmes）曾在巴斯泉大學（Bath Spa University）學習日本動漫的文化和歷史。她在1980至1990年代的愛爾蘭小鎮長大，還記得小時候感到「非常孤獨」，身邊沒有人和她一樣熱愛日本的漫畫書和卡通。我和她在2020年3月的「城南聚」（Minami Con）聊過，那是英國因冠狀病毒大流行而封控前的最後幾場動漫展售會之一。當天稍晚，她將當著數百名其他動漫迷的面在座談會上演講。若在三十年前，這對她來說絕對超乎尋常，那時她的粉絲活動幾乎僅限於自己的臥室中。

蕾雅進入粉絲圈組織的契機是買到一本新的動漫雜誌，並在裡面發現一個名叫「動畫寶貝」（Animé Babes）的全女性粉絲俱樂部廣告。她報名參加，然後驚訝地發現俱樂部的營運者是和她一樣的青少年。在幾乎完全男性向的市場中，他們努力想爲日本動漫的女性粉絲創造空間。其中一位創辦人莉莎–珍・霍姆斯（Lisa-Jane Holmes）（她與蕾雅並無親戚關係）透過電子郵件

告訴我，她們希望讓大家知道，日本動漫並非只有英國引進的類型中常見的性與暴力，而是有更多豐富的題材。「有各種女性的超級英雄、打擊犯罪的女性警察、女性之間的友誼故事，也有大量描寫愛情與戀愛關係的系列，既美麗又浪漫——但動漫文化仍然有揮之不去的汙名，彷彿內容就只有巨大的機器人和觸手色情片，而客群只有那些獨自窩在臥室裡的宅男。」

「動畫寶貝」的入會費用為1.50英鎊。入會後可以取得季刊，而對於那些孤單的粉絲而言，更吸引人的是可以獲得其他會員的姓名和地址清單，便能輕鬆地交易錄影帶、周邊商品和信件。「這是我青少年時期非常重要的一部分，特別是這讓我可以和其他女孩子交流。」蕾雅說：「過去我已經習慣我喜愛的事物是男性主宰的天下。」在那之後，這個粉絲圈的人口組成已劇烈改變。2017年，蕾雅執行一項針對英國動漫迷的研究，發現其中一半以上是女性。「如果『動畫寶貝』的成員知道我們能走到今天這一步，一定會非常驕傲。」[12]

雖然社群媒體使名人似乎更沒有距離感，但網際網路並未從根本改變人與偶像或是與其他所熱衷的事物之間的關係，亦即那種身為粉絲的**感覺**。無論是1940年代的比莉・哈樂黛（Billie Holiday），還是今天的怪奇比莉（Billie Eilish），她們的粉絲都一樣熱情且死忠。早在「粉絲」這個詞發明之前，住在美國城市裡的年輕人就已狂熱地湧向演唱會，這讓他們的長輩感到震驚。

文化歷史學家丹尼爾‧卡維奇（Daniel Cavicchi）指出：「在媒體研究中，粉絲文化經常被視為二十世紀大眾消費文化的產物。」他花了好幾年時間研究十九世紀音樂愛好者的日記、剪貼簿和信件。然而，「與粉絲文化相關的常見行為——例如與明星的理想化聯繫、濃烈的回憶與懷舊感、透過收藏品發展自我意識——這些都比『大眾傳播』的電子技術發展還要早。」[13]

　　毫無疑問，網際網路已經大幅改變粉絲社群的動態，也讓粉

《動畫寶貝》是在男性主導的市場中第一本女性粉絲誌。
圖片來源：蘿拉‧瓦頓（Laura Watton）

絲更容易找到自己的社群。凱西‧拉森說：「在過去，一切都只能以郵件處理，這是一個非常緩慢的過程，而且有點雜亂無章。除非你住在一個有粉絲社群的地方，不然你就是與世隔絕，而且可能被別人投以異樣眼光。」她自豪地以「迷妹」（fangirl）自稱，同時也是一位大學教授。「一旦每個人都可以上網，過程就變迅速了，粉絲之間的聯繫也比以往都更加緊密。如果你想尋找和你一樣喜歡某個冷門電視節目的粉絲，保證你一定能在網路上找到一個友善的社群。」

社群媒體使社群得以在過去並不存在的地方蓬勃發展，聯繫起以往因個性羞赧或地理位置而受侷限的人們。與此同時，還促成一些更具顛覆性，甚至可說不幸的事情：粉絲情感轉移至政治圈。政治領袖與其支持者之間的關係愈來愈像名人與粉絲團體。這在心理認知層面上可能是真的。在2018年發表的一項研究中，維吉尼亞理工大學（Virginia Tech University）的研究人員發現，體育迷和政治支持者在理解關於球隊或政黨的新消息時呈現幾乎相同的過程，都會套上一層群體關係的濾鏡。對人們來說，重要的不是資訊本身，而是資訊對團體帶來的後果。粉絲對其歸屬的族群一直表現出十分頑強的忠誠，有時更是非理性的，這種特徵在政黨政治中已相當普遍。[14]

在現今的大眾文化環境中，政黨就像個人崇拜，而領導人象徵著團體的認同。因此，除了珍迷（Janeites；珍‧奧斯汀

〔Jane Austen〕的粉絲）、賈斯汀粉（Beliebers；小賈斯汀〔Justin Bieber〕）和泰勒絲粉（Swifties；泰勒絲〔Taylor Swift〕）之外，現在還出現川粉（MAGA；唐納・川普〔Donald Trump〕）、柯賓粉（Corbynistas；傑瑞米・柯賓〔Jeremy Corbyn〕）和強生粉（Boristas；鮑里斯・強生〔Boris Johnson〕）。在英國，還有脫歐粉（Brexiteers）和留歐粉（Remainers），儘管意識形態各異，狂熱的程度卻不相上下。由於政客現在擁有名流身分，更強調自身的表現與性格而非政策已然司空見慣，而受眾也樂見其成，有時甚至主動為政客打造這樣的環境。泰國的反政府示威者於2020年8月在街頭集會，要求制定新憲法，限制君主制的權力，許多人便揮舞著魔杖或打扮成霍格華茲的角色，以象徵他們對不公不義與獨裁的抗爭。

專注於美學價值，或專注於某位既有魅力又似乎能夠代表這個文化群體的角色，能使政治更平易近人。但這也可能導致我們無法關注真正重要的事情，例如思想和政策，並且無法讓領導人負起應有的責任。在派對門（Partygate）醜聞之後，奇怪的是，即使在道德層面已站不住腳，強生仍勉強維持如此高的支持度。只要我們的人領先，我們真的在乎他們實際上做了什麼嗎？

────────────

政治圈和粉絲圈在歷史上已發生多次融合。法國大革命後，

拿破崙利用自身人氣，並訴諸人民的愛國情操，設法組織了一支民軍——或像有些人稱呼的，是一支「粉絲軍」。[15]近來，公眾生活和粉絲圈愈來愈密不可分。有了社群媒體後，擁有共同興趣的人們便能夠以史無前例的規模參與活動及合作。今日的粉絲擁有空前的力量，關係緊密，動員迅速，並且佔主流地位，乃至於政治家、企業和媒體製作人不遺餘力取悅粉絲，並試圖了解這些人的想法。粉絲已然舉足輕重，為數眾多，令人無法忽視。

如同群眾社會運動，粉絲圈是革命的場所，其所發揮的作用足以改變個人的生活，甚而撼動世界。2018年10月8日，泰勒絲一反自己過去對政治事務的沉默態度，鼓勵追隨者在美國期中選舉投票，並在她的家鄉田納西州表態支持兩位民主黨的參議院和眾議院候選人。她在Instagram上寫道：「在過去兩年間，有這麼多聰明、有想法、有自制力的人年滿18歲了，現在這些人享有讓選票發揮作用的權利。」她接著解釋，若要投票，首先需要辦理選民登記。泰勒絲所屬意的參議員候選人並未勝選，但在她發言後的二十四小時內，全國登記投票的人數激增。增加幅度最大的是十八至二十九歲的年齡組，正是她的粉絲群主力所在。雖然她的粉絲並未成功改變世界，但向世人展示出他們有此潛力。[16]

如果對於粉絲社群為共同目標而團結的能力有絲毫的懷疑，只消看看韓國流行音樂界（K-pop）。2020年，喬治・弗洛伊德（George Floyd）在明尼亞波利斯（Minneapolis）遭一名警

察殺害。之後，成千上萬的BTS（防彈少年團）和其他韓國偶像團體的粉絲運用網路知識，封鎖反抗議的監視應用程式，破壞種族主義的推特（Twitter）活動，並為「黑人的命也是命」（Black Lives Matter）活動籌措資金。韓國流行樂的粉絲並非眾口一詞，這個粉絲圈就和任何社群一樣，內部有著五花八門的觀點，但他們的動員速度極快。這些社會正義行動的成效之高，令人難以置信。當白人保守派利用「#白人的命也是命」（#whitelivesmatter）的標籤在推特上反擊時，這些粉絲選擇用他們熱愛的藝人狂洗這個標籤。沒過多久，搜尋「#白人的命也是命」就只會看到韓國明星在舞臺上擺臀熱舞。

在現代文化中，粉絲圈就是新型態的部族，是具有自己的價值觀、詞彙和志向的次文化。粉絲圈吸引各種經歷和背景迥異的人：當你和別人都喜歡某樣事物時，許多傳統的社會界線就會消失。加入粉絲圈並不僅是為了娛樂，更是為了體驗特定的現實，拓展視野，與志同道合的人建立聯繫，或尋找生活的意義。這與人們參與宗教、加入政黨、甚至從軍的原因並無太大不同。這些團體所有的權力和影響力，粉絲圈都擁有；它們全受到相同的基本心理社會力量驅動。

———————

《粉絲心理學》這本書有一部分會談論粉絲圈對整個社會文

化的影響，但大部分是關於粉絲圈對圈內的粉絲有何影響。幾乎所有人，在人生的某個時刻，都會是某樣事物的粉絲。每一種文化現象——電視節目、電影系列、科幻經典、文學主角、歷史人物、連載漫畫、流行樂團、名人形象或體育隊伍——都有滿腔熱血的追隨者。本書接著會揭露，粉絲還存在於令人完全意想不到的地方。珍·奧斯汀最忠實的一群追隨者是二十多歲的女性主義者。理查三世（Richard III）別稱「駝子國王」（Hunchback King），據說在倫敦塔殺害了他的兩位姪子，如今有一群業餘歷史學家相信他遭誹謗，致力於為他翻案。在美國和英國，有成千上萬自稱「小馬迷」（Bronies）的中年男性聚集在線上社群，熱切地討論兒童玩具動畫《彩虹小馬》（*My Little Pony*）中的角色。在心理學家研究得最深入的次文化之中，有一類是對擬人化動物懷有強烈情感的人。還有一群人徹底發自內心認定，自己是被困在人類軀殼中的動物。

這本書講述，當我們與懷有相同愛好的人互動時，會發生什麼事情。我們將探討眾多不同的粉絲圈，在這段過程中，我希望能闡明關於人類身心某些最根本的事實。人類的大腦天生傾向與其他人建立連結。雖然這些群性的傾向可能會招致許多衝突，但同時也是一些最巨大的滿足感來源。粉絲圈提供部落主義式的愉悅，並能減少傷害：得到歸屬感和共有的特殊文化、感覺人生充滿意義與目標、改善心理健康、確保有人認真看待自己的異想天

開，以及獲得仿效（甚至裝扮成）喜愛角色的自由。

　　在第二章中，我們將探討這些行為的基本驅動因素之一：團體認同。無論喜歡與否，我們都一直在試著將自己與他人分類，即使對此毫不自知。我們所屬的團體強烈影響著我們的行為和態度。了解這門心理學，不僅能夠一探粉絲的生活樣態，還能夠一覽全球社會變遷的動態。

2 思維團體
Think Group

　　1960年代末期，社會心理學家亨利・泰菲爾（Henri Tajfel）在布里斯托大學（University of Bristol）進行了一系列實驗，這些實驗大幅改變我們對於人們在團體中如何行動的理解。泰菲爾想知道，爲什麼我們易於認爲其他團體與自己人不同，並且在短時間內就會不喜歡其他的團體。群體偏見在人類歷史上幾起最重大的事件中佔有一席之地，也影響著我們每天所作出的許多決定。幾十年來，心理學家一直試圖理解這些偏見，但成果有限。

　　由於在第二次世界大戰期間和之後的經歷，泰菲爾深受社會心理學吸引，這是一門研究人類如何受到他人影響的學問。他的出身是波蘭籍猶太人，而幾乎所有家人——或該說幾乎所有他成長過程中認識的人——都死於猶太人大屠殺。泰菲爾之所以倖存，是因爲當納粹入侵波蘭時，他在巴黎留學。而在戰時，他依然大半時間都淪爲階下囚。在這之後，他致力於協助難民回歸正常生活，他後來稱之爲此生最重要的工作。泰菲爾在倫敦的伯貝克學院（Birkbeck College）開始學術生涯後，便專注於人類行爲

的重大議題，例如身分、服從、壓迫和偏見。他與其他猶太裔社會心理學家合作，立志解決當時他認為最重要的兩個問題：猶太人大屠殺為何發生，以及有什麼作法能確保人類不再重蹈覆轍。他猜想，答案在於根深蒂固的社會差異，無論在國籍、文化、種族或信仰方面。然而，他在1960年代的實驗顯示，事實比這還要單純許多。

為了驗證自己的想法，他從當地一所學校邀請六十四位青少年男孩來到他的研究室，並將他們分成兩組。這兩組的分配標準看似微不足道，例如男孩高估或低估螢幕顯示的圓點數量，或者他更喜歡康丁斯基（Wassily Kandinsky）還是克利（Paul Klee）的畫作——他們都從來沒聽說過這些藝術家。[1]接著，泰菲爾將每個男孩送到一個小隔間，給他們一筆錢和一張記分卡，並要求男孩將錢分配給其他學生。雖然男孩們彼此都認識，但為了研究目的，此時他們維持匿名，只能透過數字代碼和他們所屬的組別（高估或低估圓點數，喜歡康丁斯基或克利）識別。

泰菲爾的計畫是，他會逐漸加強定義組別的標準，直到發現這些男孩會開始區分自己人與其他人的團體，或者如他所說，直到團體差異變得有意義。令他震驚的是，這件事在第一次實驗中就發生了。在絕大多數情況下，認為自己高估螢幕圓點數量的男孩，就會分配比較多的錢給同樣高估者，而給低估者較少錢，反之亦然。那些偏好康丁斯基而非克利的人，也對其他的康丁斯

基粉絲更加慷慨。這些男孩一致對自己所屬的團體偏心,即使這些團體間的劃分界線是如此單薄,幾乎不存在。泰菲爾總結道:「外團體歧視(Outgroup discrimination)極為容易觸發。」[2]

現在思考一下。男孩們的決定並非由自身利益驅動:懲罰這些傾向或品味與自己不同的人,並無法獲得任何個人利益,而他們也不知道獲贈者的真實身分。與先前關於社會偏見的研究不同,這兩個團體之間的背景並沒有敵意、競爭或利益衝突(泰菲爾稱之為「最低限度群體」〔minimal groups〕)。[3]但結果依然牢不可破。這些研究已經重複多次:泰菲爾告訴參與者這些組別是由隨機擲硬幣決定的,也得到相同的結果,[4]他稱此情境簡直「荒謬至極」。[5]

最低限度群體實驗顯示,人幾乎不需要任何暗示,就會將自己與他人分類,並偏袒自己團體的成員。群性——「我們」與「他們」之間的交互作用——是社交生活之必然。我們一直按照種族、性別、階級、宗教、國籍、職業等將人群分類,以協助自己了解所處的社會環境。這可能反映出我們遠古的過往時光,當時的生存與否取決於合作以及區分敵友的能力。我們演化成習於團體生活,這個事實塑造我們所做的幾乎每一件事。

想想你所屬的團體:你的家人、朋友、鄰居、同事、小孩的

學校、體育隊伍、當地的合唱團、教會、粉絲圈，也許還有讀書會或編織班。依我猜想，他們感覺是「你」的重大一部分。但願這些團體為你帶來友誼、目標和安全感，並讓你有勇氣做到獨自一人不敢完成的事情。想像一下，如果沒有他們，你會是什麼樣子，你的生活會是什麼樣子。你要怎麼活下去？

在完成最低限度群體研究後，泰菲爾和他的同事約翰·透納（John Turner）在接下來的幾年間發展了一個理論框架，以解釋為什麼人們會自發地與他人結盟，以及這會如何影響人們的行為。[6]他們認為，群體成員資格賦予人們一種獨特的身分，他們稱之為「社會認同」（social identity），而這提供了「某種意義，否則便會感到空虛」。[7]社會認同讓我們感受自己與他人間的關係：我們之所以是自己，是因為我們與自己的「內團體」（in-group）有某些共同點，並且與團體之外的其他人有所不同。社會認同與個人身分是分開的，後者反映的是個人特徵，如外表和個性。當你覺得自己是團體中不可或缺的一部分時（例如觀看足球比賽或參加《星艦迷航記》同好聚），你的社會認同（「我們是星艦迷〔Trekkies〕！」）就會比個人身分更為重要。

我們所屬的團體對我們自身行為的影響甚鉅。我們迅速適應團體的規範和需求，採納團體的思考方式與作風。團體成為個人的一部分，就如同個人也成為團體的一部分。團體成員是一種

暫時狀態：我們可以擁有許多社會認同，但同一時間可能只有其中一種處於活躍。如果你是一位護理師，你可能會在醫院裡穿著制服，使用醫學術語與旁人交談，但當與學生時代的朋友在一起時，你就不太可能這樣做（除非他們也都是護理師）。對大多數人而言，要在不同的社交圈之間轉換稀鬆平常，就像換件新外套一般容易。每個圈子所需不同：不同的身分，不同的自我。如果你曾經在某個環境中（比如工作時）交到一位朋友，然後有機會在另一個環境中（比如和他的家人一起時）觀察這位朋友，你就會知道，見到某人在不同身分之間切換的變化，是多麼令人驚訝，甚至困窘。[8]

團體行為最值得留意的一點是，面對內團體的成員，我們的行動會變得非常不同。我們對他們更友善、更具同理心、更慷慨、更關心，也更快提供協助。我們在各方面都更信任他們，這或許能解釋為什麼在疫情期間，人們認為從朋友身上感染新冠肺炎的可能性比陌生人低。[9]我們也對他們的痛苦感同身受，千真萬確。[10]這並非因為我們更了解或喜歡他們（儘管實際上可能如此），即使是隨機分派的團體，比如泰菲爾最低限度實驗中的團體，也會發生這種情況。這些事情自然而然發生，不假思索。大腦成像研究指出，當我們與「自己人」互動時，我們的大腦情緒中心會比跟「其他人」互動時產生更多神經活動。[11]內團體偏私（in-group favouritism）似乎是我們天生的預設。

泰菲爾和透納的成果雖然提升眾人對社會行為的興趣，但他們並非第一批思索團體如何使其成員態度偏私的學者。對此放諸四海皆準的人類天性，最有力的描述之一來自美國社會科學家威廉‧格拉罕‧薩姆納（William Graham Sumner）於1906年出版的著作《民俗論》（*Folkways*）。薩姆納創造「民俗」（folkway）一詞，用以指稱團體的社會習俗或生活方式。據他觀察，大多數人殊途同歸：

> 每個團體都培養出自有的驕傲與虛榮之心，自詡優越，張揚團體的神性，並蔑視外人。每個團體都認為自己的民俗是唯一正確的，如果觀察到其他團體有著其他民俗，就會激起他們的鄙夷。[12]

　　團體認同可以像天氣一樣多變。要尊重或憎恨他人、對他們鼓掌或辱罵、重視或忽視其他人的決定，可能完全取決於相遇時的情境，甚至是當時思考的事情。

　　2005年，蘭卡斯特大學（Lancaster University）的心理學家馬克‧勒文（Mark Levine）與同事在一項關於足球迷的實驗中證實這點。勒文想知道，如果知道對方與自己支持同樣的隊伍，是否會讓人更願意幫助陷入困境的陌生人。他招募四十五名曼徹斯

特聯（Manchester United，簡稱曼聯）球迷，並在研究室中向這些球迷進行介紹簡報，接著派他們每個人到校園四處散步。在途中，勒文會安排一名慢跑者沿著堤岸邊的草地奔跑，然後在他們面前摔倒，看起來受了傷。這位慢跑者可能穿著曼聯球衣、曼聯勁敵利物浦（Liverpool）的球衣或普通的無品牌上衣。研究人員好奇的是，穿著不同的球衣是否會影響參與者的反應。結果確實如此：若慢跑者穿著他們支持的隊伍球衣，參加者伸出援手的可能性是三倍。[13]

　　勒文接著稍做改動。他招募另一組曼聯支持者，這次在事前簡報，他鼓勵參與者不要將自己視為曼聯球迷，而是廣泛的足球迷。要沉浸於對這項運動的熱愛，而不是對這支隊伍的熱愛。在此前提下，由於受到不同社會認同的促發，無論慢跑者穿著利物浦球衣還是曼聯球衣，他們提供協助的意願都相等。介紹簡報將他們的內團體擴大，納入所有的足球愛好者。但尚未納入所有的人類：當慢跑者穿著無品牌上衣時，幾乎沒有人願意幫助他。團體界線永遠有個限度，重點在於把那條界線畫在哪裡。[14]

────────────

　　當人們組成團體時，會發生兩件事情。第一件事情是這個團體會覺得有必要區別自己與他人，以彰顯自己的獨特性。成員可以透過穿著獨特的顏色（在體育隊伍中）、進行神祕的儀式（在

信仰團體中）或倡議特定的世界觀（在政黨中）來滿足這一點。第二件事情是對地位的追求：每個人都希望自己的團體盡可能成功或享有聲望，並朝此努力。

渴望區別和地位可能會對團體以外的人造成不幸的後果。對於團體而言，要擦亮自己的招牌，最簡單的方法之一就是擊倒其他人。泰菲爾的最低限度群體實驗顯示，當我們定義群體的界線時，偏見就可能隨之產生。而世界史昭示，歧視、偏見、仇恨和衝突緊隨其後。泰菲爾及其他曾目睹猶太人大屠殺的猶太心理學家想要了解這種循環的成因，他們擔心這將持續到永遠。「在我記憶中，這是一場無情肆虐的風暴，當時看來，這場風暴永遠不可能停歇，」泰菲爾在1981年寫道。「如今已將近四十年過去了，依然看到許多新的大屠殺，新的種族屠滅。」[15]

不過，團體行為並非注定要以悲劇告終，渴求區分他人與自我並不一定會造成偏見。儘管泰菲爾擔心團體可能引發衝突，但他也同意，團體往往是股向善的力量，而且加入團體可能使人脫胎換骨。聖安德魯斯大學（University of St Andrews）的心理學教授史蒂芬・萊赫（Stephen Reicher）表示，泰菲爾的社會認同理論所闡述的是區別，而不是歧視。「我們努力讓自己的團體與眾不同，因為團體是意義和理解的來源，是一種在世界上定位自己的方式。但是想要與眾不同，可以透過對他人更友善、更慷慨或者其他方式，而並不見得要透過變得更強壯或是扳倒別人來達

成。」

　　萊赫相當有資格評論泰菲爾的研究：當他在布里斯托大學就讀學士班時，泰菲爾是他的系主任。萊赫記得，泰菲爾對人們可以在團體中達到的成就「極為樂觀」。萊赫表示：「要將團體視為所有問題的根源很容易，這就是泰菲爾的研究起點。但在他深入探討後，轉而將團體視為解決方案的來源。他所見到的是，團體能給予成員社會力量。以我的觀點，用一個不那麼嚴謹的比喻，團體就像炸藥：可以用於建造，也可以用於摧毀。重點是，既不要過於悲觀，也不應太過樂觀。」

　　有時候，我們太容易悲觀以待。在撰寫本章時，我和世界上其他人一樣，看著數百名忿忿不平的川普支持者闖入美國政府所在地華盛頓特區的國會山莊，引爆美國歷史上最嚴重的憲政危機之一。川普就是該團體認同的象徵，他在總統任期內便慣於濫用這種關係。每當需要代罪羔羊，他就輕鬆地召喚出一個「外團體」（out-group），讓他的支持者得以貶低：墨西哥人（「毒販和強姦犯」）、「黑人的命也是命」運動（「仇恨的象徵」）、中國（「中國病毒」）。團體心理學就是如此易遭濫用。

　　大多數時候，本書偏向光明樂觀的那一派。如果川普的突擊部隊住在陰暗骯髒的地下墓穴，那麼大多數的粉絲圈都位於陽光明媚的高地。粉絲圈讓我們知道，成為團體的一員可以帶來歸屬感，為心理健康創造奇蹟，並幫助我們實現隻身難以達成的成

就。粉絲圈也支持「團體活動不必然導致心胸偏狹」的想法。你可以擁有對內團體的愛，而無需懷抱對外團體的仇恨；選擇合作而非衝突；成為贏家的同時，其他人不必是輸家。人類的社交生活不是零和遊戲。

心理學家瑪麗蓮・布爾（Marilynn Brewer）是研究團體間關係的重要權威，在她的職業生涯中，大部分時間都擁護這種對集體行為較樂觀的評估結果。在1960年代末和1970年代，她對東非三十個種族群體的團體間習俗和態度進行大型研究。她觀察的所有團體都傾向於將社交圈分為內團體和外團體，並且會對自己的團體成員許多特質都評價較高，諸如可信和誠實等。但這種偏祖並未使他們水火不容，兩者似乎完全沒有關聯。[16] 她從位於聖塔芭芭拉（Santa Barbara）家中寄出的電子郵件寫道：「這些發現使我確信，團體內的忠誠度和偏私與團體間的競爭或敵意無關。」她回憶一位參與者的說法，似乎與薩姆納的《民俗論》相呼應：「我們有我們的方式，他們也有他們的方式。」[17] 布爾認為，人們組成團體的主因是想與同類的人在一起，而人類的演化更應歸功於團體內的合作，而非團體間的競爭。[18]

在泰菲爾研究最低限度群體理論的同時，布爾也從她的田野調查中收集資料。1980年，她到布里斯托大學拜訪泰菲爾，在那裡停留了三個月，並旁聽他們團隊討論對社會認同看法的研究室會議。經過這番洗禮，她相信，儘管在「偏見是否可避免」

上意見相左，但兩人都同意最基本的真理：團體認同是人類心理學的基本特質，這種認同抑制人類的自私，從而使團體得以存在。[19]

但即使布爾大力擁護內團體的友愛，她也不得不承認，在某些情況下，例如蓄意敵對的環境，仍難以避免外團體仇恨。[20]當國家政府偏袒特定社群（例如種族隔離政策下的南非、動亂期間的北愛爾蘭和以色列佔領的巴勒斯坦領土），或不同的團體爭奪有限的資源（如現今的蘇丹以及剛果民主共和國），或政治領導人操縱種族議題及意識形態（如1930年代的希特勒）時，內團體的忠誠度會愈來愈強，而外團體則成為敵人。

這類情況還有一個例子：體育競賽。在非致命的前提下，很難想像比體育更容易引致衝突的狀況。體育競賽本身就註定充滿競爭意味，易使火藥味急速上升。與大多數團體活動不同，這就是一場零和遊戲：如果我贏了，你就輸了。結果清楚明白，沒有一點折衷餘地。可以預見這將導致何種後果：對自己的隊伍有著非理性的熱愛，而對敵手有著非理性的偏見。這正是讓人深陷其中的部分原因。比爾·尚克利（Bill Shankly）是利物浦足球俱樂部在1959年至1974年間的經理。他曾聽人說過，足球是攸關生死的問題。而他的回應是：「比那重要得多了。」[21]

最狂熱的體育迷並不認為自己是某球隊的支持者，而是更進一步：他們**就是**那支球隊。用泰菲爾與透納的術語來說，他們的團體認同超越個人身分，以至於他們和所有的球員一樣，都感覺自己是隊伍的一份子。《足球熱》（*Fever Pitch*）是尼克‧宏比（Nick Hornby）身為兵工廠（Arsenal）足球俱樂部的球迷回憶錄，在書中，他描述自己的癡迷是「有機連結」。他寫道：「身為球迷，這是我明確知道的一件事：那不是替代式的快樂，儘管看似如此，而那些自稱更想參賽而非觀賽的人都搞錯重點了。足球是一種從觀賽**變成**了參賽的情境。」[22]

你從說話的方式就能分辨出那些對自家隊伍高度認同的球迷。他們會說：「我們贏了」或「我們輸了」，而絕對不會是：「他們贏了」或「他們輸了」。在社會科學中，這種使用第一人稱代詞的方式稱為「分類的我們」（categorized we）。這種方式讓說話者擴展自我的界限，創造出一種特殊的囊括類別。體育圈以外，唯一會聽到「分類的我們」的場合，就是在表達國族認同的時候，比如「這場戰爭，我們打贏了」。由此便可看出體育迷的參與程度之高。[23]

這種熱情不僅顯現於球迷的言行舉止，也從生物化學中透出端倪。在2014年巴西世界足球盃期間，牛津大學的認知人類學家瑪莎‧紐森（Martha Newson）進行了一項研究，測試巴西足球迷在觀看國家隊比賽時的皮質醇濃度。皮質醇是由腎上腺產生

的一種激素，可幫助身體應對壓力；當社會地位遭受威脅，例如當所屬的團體正為生存而戰時，可以預期皮質醇濃度大幅飆高。

紐森的實驗團隊在東北部城市納塔爾（Natal）舉辦三場巴西賽事的公開播映會，並在球迷觀看比賽時採集他們的唾液樣本。他們發現，球迷的皮質醇濃度在三場比賽的過程中都上下起伏，包括巴西獲勝的那兩場。這並不讓人意外，因為觀看支持的隊伍比賽時必定緊張萬分。但是，當德國在準決賽中以7比1打敗巴西時，皮質醇濃度幾乎突破天際。這是巴西自1920年以來最嚴重的慘敗。許多巴西球迷在中場休息就離開播映會了，當時巴西隊已經以5比1落後；有些球迷則是看到最終比分時過於悲痛，幾近發狂，以至於研究人員很難請他們好好配合實驗收集足夠的唾液樣本。[24]

紐森的研究聚焦於團體連結如何影響行為。她在世足盃的研究目標之一是探究粉絲的荷爾蒙變化是否與對團體的忠誠程度有關。過去她研究足球「狂粉」、退役軍人以及利比亞革命者時發現，那些生命意義幾乎等同於團體成員的人——換言之，他們的個人身分與社會認同高度一致，甚至「融合」——展現出非常強烈的團體忠誠度，甚至超越家人。他們願意與同伴有福同享，有難同當，甚至很多人願意犧牲自己的性命。背離團體是無法想像的事情。紐森在論文中解釋：「對於一個已強烈融合的人而言，放棄團體成員的資格，就等於徹底拒絕現在和過去的自我，這是

一場認知上與現實上的噩夢。」[25]這代表那套陳腔濫調或多或少有些道理：一個人可以更換工作、配偶、政治傾向或宗教信仰，但絕不可能更換支持的足球隊。

紐森在賽前就先利用問卷篩選出一批最死忠的巴西球迷，而她預測，比起一般的球迷，這些人受到輸給德國的賽事打擊會更大。這像是一種高度參與的加權結果：在勝利後更加春風得意，在戰敗後也更加痛心疾首。結果實證，這些人的皮質醇濃度是最高的。事情不如意時，當個超級粉絲是件壓力極大的事。

———————————

如果你是個體育迷，假如能保證支持的隊伍大獲全勝，你願意做出什麼樣的犧牲？專門研究體育迷的權威心理學家丹尼爾・瓦恩（Daniel Wann）在2011年向數百名美國棒球迷提出這個問題，想了解他們的忠誠程度。在所有他詢問的人之中，有超過一半的人表示，他們很樂意為了贏得世界大賽冠軍而至少一個月沒有性生活、不刮鬍子、不吃甜食或是不喝水以外的任何飲料。三分之一的人聲稱他們會放棄看電視。五分之一的人願意連續穿同一件內衣褲，或是停止和最好的朋友交談。少數人願意徹底停止與他人交談。

當瓦恩詢問球迷哪些行為是他們可能「至少有稍微考慮過一點」時，大約一半的人表示，如果能幫助支持的球隊贏得冠軍，

他們會考慮捐贈器官。這就是忠心耿耿的結果——做出這種事，要不是個球迷，就是個白癡。令人疑惑的是，在瓦恩的受訪者之中，有10%說他們可能會被說服砍下一根手指，但我想我們可以推斷他們誤解了問題的意思。不出意料，那些潛在的器官捐贈者將自己歸類為高度參與的球迷，或者如紐森所說的「融合」。「因為他們非常關心自己的球隊。」瓦恩說：「並且，因為球迷這個身分在他們的自我概念中非常核心，所以他們為了讓球隊獲勝幾乎願意做任何事情。」[26]

　　體育迷往往以既古怪又奇妙的方式彰顯自己的一片赤誠。有位兵工廠（Arsenal）球迷將女兒命名為「嬪宮冰」（Lanesra），即球隊的名稱反過來拼寫。他的運氣太好了，因為嬪宮冰長大後成為切爾西（Chelsea）支持者。這並非不可思議的事，像這樣不忠於家族的粉絲傾向經常出現。瓦恩生長於聖路易斯紅雀隊的球迷家庭，但他本人是芝加哥小熊隊的熱情粉絲。他選擇小熊隊的目的只為擺脫父親的陰影，以及激怒他的哥哥。

　　我們大多數人都會開心地透過大聲歡呼來表達支持，以及透過參與心理學家稱為「BIRGing」的活動，意思是「沐浴於反射的榮光」（basking in reflected glory），或像一般人常說的「沾光」。從事BIRGing意味著誇炫自己與某個成功隊伍之間的關聯，即使對該隊伍的成就毫無貢獻也一樣。這個詞是由心理學家羅伯特・席爾迪尼（Robert Cialdini）於1970年代創造的。他

注意到，在橄欖球校隊獲勝後，美國大學校園中穿著印有大學名稱或校徽服裝的學生數量有所增加。獲勝總是會讓支持者心情極佳，而學生們希望能成為其中的一份子。[27] 無可避免的是，這些人在輸球後就不太熱衷於懸掛隊旗，寧願隱藏他們的支持。心理學家替這種行為也取了個縮寫，稱之為「CORFing」，或「切割反射的失敗」（cutting off reflected failure）。[28]

乍看之下，BIRGing 和 CORFing 都像是見風轉舵的粉絲會有的行為。然而，這些行為源自於我們所有人都擁有的心理要件：保持正向的自我價值感。我們都希望對自己的感覺是正面的。成為團體的一員——共享這個團體的歷史、目標與身分——能做到這點。當你的球隊贏了，你就贏了。投入愈多，情感回報就愈大。正如前述，這種回報是雙面的。當球隊落敗，最死忠的粉絲就會最煎熬。在《足球熱》中，宏比坦承，若兵工廠不幸輸球，他的痛苦指數會達到「巨大恐怖的比例」[29]。死忠球迷絕無可能放棄自己的俱樂部，那該如何恢復破碎的自尊？他們走向唯一剩下可行的道路：愈陷愈深，重申自己的忠誠度，與團體的連結愈發緊密，用下流的話語咒罵敵方球迷，並互相提醒：苦痛能培養韌性。紐森在2003年至2013年期間對英格蘭超級聯賽的俱樂部進行調查，她發現，赫爾城（Hull）球隊雖然敗績最多，但赫爾城球迷的社會聯繫（social tie）數量也最多，顯示他們擁有更緊密的心理同族關係（戰績彪炳的切爾西球迷則最少）。[30]贏球固

然重要，但歸屬感才是一切。

───────────────

2015年，我前往土耳其的凡城（Van），這座城市位於安納托力亞高原東部，靠近伊朗邊境，是地殼運動熱區。當時的四年前，即2011年10月，發生連環地震，該市數千棟建築物倒塌，約650人死亡，數萬人無家可歸。我當時正在寫一篇關於心理韌性的故事，因而來到凡城，想了解倖存者如何面對。

地震造成的心理創傷比任何其他自然災害都更加巨大。大地可以毫無預警將人類吞噬，認知到此一現實會造成極度的不安全感。倖存者可能很難重新站起，很難懷抱信心繼續走下去。土耳其研究人員估計，在災難發生後的當下，近四分之一的凡城居民患有創傷後壓力症候群，這與紐約市911恐怖攻擊和2010年海地地震後的盛行率不相上下。但到了2015年，我與一些社會學家和心理學家交談，他們卻講述許多復原與希望的故事。眾人從低谷爬起，找到不再帶著恐懼生活的方式。根據調查，大多數倖存者認為自己「非常有韌性」。[31]即使是那些失去親人或家園或自己受傷的人，也做得比許多醫生預期的更好。

是什麼力量讓人能夠如此出乎意料地恢復？答案相當平凡無奇：社會連結。我在那裡的第二天，見到凡城百年紀念大學（Yuzuncu Yil University）的社會學系主任蘇瓦・帕林（Suvat

Parin）。他是一位衣冠楚楚的內斂紳士，一生都住在凡城，是研究該市社會結構的權威。據他的說法，社會結構就是凡城的存活之道。「在土耳其東南部，社會聯繫就是一切。社會現實是一種集體認同。」他描述自己的家族在地震發生後的即刻狀況。他打電話給親戚，關切他們在哪裡、是否受傷，並且安排見面。不到兩個小時後，他們就聚到一起，現場有一百名同姓的倖存者。他們找片空地，搭建帳篷。物資應有盡有，包括食物、藥品和衣服。「一切都以集體的方式解決。這給了我們心理上的力量，一種面對事情的方法。因為你知道自己並不孤單，你有後援。」[32]

加入聯繫緊密的團體曾幫助人們度過比震災更極端的情況。被囚禁在奧斯威辛的猶太人中，與前一個集中營的獄友一起抵達的人，死亡的可能性至少下降20%。擁有社交網路讓他們獲得某些優勢：精神激勵、身分認同、獲得額外口糧的機會。[33]出於相同原因，美國南北戰爭期間，在那聲名狼藉又汙穢險惡的南方軍營中，北方戰俘如果與同單位的友人一同被關押，更有可能存活下來。友誼在險惡重重的環境下保護他們，而友誼的深度和廣度一樣重要。連結愈緊密，存活的機率就愈高。[34]

現代對政治犯和軍事犯的研究顯示，在被折磨的受害者中，比起沒有政治背景的人，那些隸屬於政治組織的人較少遭遇因苦難而致的心理問題，[35]且被監禁時，軍事人員的狀況比平民好。在這兩種情況下，社會聯繫似乎都起著至關重要的保護作用。遭

逢逆境時，沒有什麼事情比知道夥伴在背後為自己撐腰更讓人感到安心了。也有人發現，社會支持有助於拆彈人員、心臟手術的病患和許多其他備感威脅者的心理安寧。[36]同樣道理，若我們缺乏社會支持，也會變得極為脆弱。2005年7月7日，倫敦的大眾運輸網發生自殺爆炸事件。案發後，有些倖存者因為電話線路停擺而無法與親友聯繫，這些人遭受重大壓力的風險便高上許多。災難發生後，僅僅是與認識的人交談，就能大幅影響受害者的應對方式。[37]

　　心理學家將團體的這種治療效果稱為「社會治療」（social cure），[38]它能發揮極強大的力量。一項回顧研究納入148篇健康研究文獻，共涉及超過30萬名參與者，結果發現，社會連結對一個人的健康比吸菸、運動和飲食等常見因素都更重要。[39]不僅是生理，它在心理方面也同樣是種慰藉：如果憂鬱症患者是團體的一份子，復發的可能性就會較低，而他們加入的團體愈多，風險就愈低。[40]關係的**品質**很重要。如果某個團體要具備療癒的力量——也就是能夠在壓力下提供保護、增加韌性、加速復原或滿足某些心理需求——這個團體必須有情感上的重大意義。[41]部分原因是，當人們將彼此視為同一個俱樂部的成員，有著相同的社會認同時，更有可能互相伸出援手。但除此之外，歸屬感本身就能帶來心靈上的贈禮：同伴情誼、增加自尊、目標感、掌控感、道德準則。這使我們能夠將關注點擴展到自身的福祉之外，為生

1.球隊獲勝對您來說有多重要？	1 = 不重要 8 = 非常重要
2.您認為自己身為球隊粉絲的程度有多少？	1 = 完全不是粉絲 8 = 絕對是個粉絲
3.您的朋友認為您身為球隊粉絲的程度有多少？	1 = 完全不是粉絲 8 = 絕對是個粉絲
4.在賽季期間，您透過以下任何一種方式關注球隊的頻率有多高？ (1) 現場或是電視、(2) 廣播、(3) 電視新聞或報紙	1 = 從不 8 = 幾乎每天
5.身為球隊的粉絲對您來說有多重要？	1 = 不重要 8 = 非常重要
6.您有多討厭球隊的最大競爭對手？	1 = 不會討厭 8 = 非常討厭
7.您在工作地點、居所或服裝展示球隊名稱或隊徽的頻率如何？	1 = 從不 8 = 總是

丹尼爾·瓦恩的體育觀眾認同量表，用以評估球迷對於所支持的球隊有多麼投入（《國際運動心理學期刊》〔*International Journal of Sport Psychology*〕）

活寫下更加豐富的篇章，並在我們與他人的共同點中找到一些意義。

　　社會治療對粉絲圈的作用與對創傷受害者一樣。過去三十年間，心理學家丹尼爾·瓦恩一直對這幾件事情感興趣：球迷與球隊之間的連結、與其他球迷的連結，以及這些連結如何影響球迷

的幸福感。他的許多研究都顯示，球迷如果將球隊視爲自我身分的核心，像是自我的**延伸**，不但會心理能量充沛、自尊提高、更加快樂，而且罹患憂鬱症的風險也較低。[42]

在體育圈的道理適用於所有的粉絲圈。自從瓦恩首次發表成果後，其他研究人員在各種粉絲圈中都發現了這樣的心理紅利，包括科幻電影、奇幻小說、偶像男團、電視劇、日本動漫；或者更具體來說，研究對象包括星艦迷（《星艦迷航記》的粉絲）、哈迷（Potterheads）（《哈利波特》）、福爾摩斯迷（Sherlockians）、Directioners（「1世代」〔One Direction〕）、Whovians（《超時空奇俠》〔Doctor Who〕）和《星際大戰》的粉絲（說來奇怪，這群人倒是沒有一個常用的慣稱）。雖然許多粉絲對彼此的認識都僅限於網路互動，但這似乎並沒有減弱他們之間的聯繫。昆士蘭科技大學（Queensland University of Technology）的研究人員在墨爾本的一場同好聚會上採訪了數百名科幻小說迷，發現他們對這個粉絲圈的社群意識比對鄰居的還要更強。[43]擁有共同的愛好使彼此的距離更易拉近。

粉絲圈還提供了其他在科學研究中難以量化的好處。像《星艦迷航記》和《哈利波特》這樣的幻想世界，能夠提供逃離現實不足面的避難所，也讓人一瞥世界可能有多麼不同（更多友誼、更多魔法）。粉絲激進的自我表達經常十分獨特。在蘇聯時代，

英國搖滾樂團「流行尖端」（Depeche Mode）在東歐有著大批追隨者，這些人渴望以另類的方式發洩對於現狀的不滿。有一部記錄片的題材是全球的流行尖端粉絲，名叫《來自牆上的海報》（The Posters Came from the Walls），有一位粉絲在片中宣稱：「我們是流行尖端主義者（Depeche-ist），就像共產主義者或法西斯主義者一樣。」[44]時至今日，俄羅斯粉絲還會在樂團主唱戴夫・葛罕（Dave Gahan）的生日慶祝「戴夫日」（Dave Day），這天剛巧也是一個國定假日，讓他們能夠完美地藉機宣揚對流行尖端主義者的支持。

當主流文化令人窒息時，粉絲圈就是讓人得以喘息的所在。與其他的粉絲一起時，要表現得很特別、很奇怪或是很宅都沒關係，因為大家都在同一條船上。三十五年前，媒體研究學者亨利・詹金斯（Henry Jenkins）在他關於粉絲文化的一篇著名文章中，將粉絲圈定義為「一種為邊緣化的次文化群體（女性、年輕人、同性戀者等）所用的傳播媒介，為其自身的文化議題撬開空間」。[45]像這樣的群體可以成為社會變革的強大力量。男子團體「1世代」的一群LGBTQ粉絲組成了「彩虹世代」（Rainbow Direction），在這個團體中，大家齊聚一堂，為對抗恐同者的霸凌而努力。2015年，當1世代的樂團成員戴著他們出品的彩虹手環上台演出時，「彩虹世代」的理念宣揚達到了顛峰。[46]社交互動是這種行動主義的心理燃料。

許多人在粉絲圈中找到了家，我最喜歡的一個例子是住在芝加哥的印度裔美國作家普蘭卡‧博斯（Priyanka Bose）。她一直很難交到朋友，直到她迷上了《瓢蟲少女》（*Miraculous: Tales of Ladybug and Cat Noir*）。《瓢蟲少女》是一部法國動畫影集，主角是兩名能夠變身為超級英雄的青少年，他們聯手從強大的反派手中拯救巴黎。普蘭卡加入了一個線上的《瓢蟲少女》粉絲團體，並透過群組聊天與三位同樣喜愛該節目的年輕女性成為朋友。隨著時光流逝，她終於與朋友們見面，然後也見了她們的父母、兄弟姊妹、配偶甚至寵物。2020年12月，她在網路雜誌《投石機》（*Catapult*）寫道：「這感覺很不真實。在這個瀰漫著不友善的世界中，一檔法國的兒童節目卻讓我交到這麼棒的朋友。我們共同打造出一座愛與友誼的綠洲。在這裡，顯得脆弱也沒關係，而且我們都大力支持彼此的夢想與企圖心。這真的是奇蹟。」[47]

這就是粉絲圈在做的事情：讓人感覺自己是某樣絕妙事物的一份子。在下一章中，我們將探討人們最初為何會深受書中角色的吸引，為什麼對這些虛構的關係如此執著，以及藉由與他人分享這份熱情所能獲得的力量。

3 虛構的朋友
Fictional Friends

　　在大眾文化中，相信一個虛構的角色是真實的，已是廣為人知的陳腔濫調。若沒有這樣的前提，很多戲劇都會顯得很可笑。但有些受眾比其他人更多愁善感一些。以福爾摩斯的粉絲為例，不少人確信這位由柯南·道爾所虛構的偵探是真實存在的人物。很多人寫信給他，寄到貝克街221B號——在柯南·道爾的小說中，這是福爾摩斯的地址。半個多世紀以來，這些信件最後都到了金融機構「修道院路建屋合作社」（Abbey Road Building Society）（「艾比國民銀行」〔Abbey National〕的前身）的手上，這個機構位於貝克街的總部便包括221號。

　　在2005年搬遷之前，艾比國民銀行甚至聘請一位祕書專職回覆這些信件。有些信件內文打探福爾摩斯的私生活細節，比如他是左撇子還是右撇子？他喜歡醋栗果醬嗎？他結婚了嗎？他曾經和任何委託人做愛嗎？各式各樣的寄信人想知道他對吸血鬼、騷靈和其他超自然生物的意見。其他人的問題則更哲學：「有多少犯罪源自於愛？」或者就只是古怪至極：「我一直在收集由名

人所畫的豬，已經有一段時間了。最近有人建議我，您或許願意親手畫一隻豬給我。」很高比例的信件是希望福爾摩斯能協助解決真實世界的案件：妹妹失蹤、阿姨被謀殺、勞斯萊斯被盜。或是詢問開膛手傑克（Jack the Ripper）的身分。[1]

如今，寄給福爾摩斯的信件會送到福爾摩斯博物館（Sherlock Holmes Museum），雖然該館位於237號和241號之間，但在2010年時仍獲西敏市議會授予貝克街221B號的地址。儘管福爾摩斯從1904年以後就「退休」了，粉絲來函從未減少。博物館每天會收到五、六封信。其中來自中國的信件比例高得出奇。有一封是這樣寫的：

敬愛的福爾摩斯先生：

我提筆寫信，是想向您報告一個壞消息：莫里亞蒂教授（福爾摩斯的頭號勁敵）**回來了**！我住在北京，上週五，我在家附近的一間超市看到他，他正用很低沉、很奇怪的聲音講電話……我認為情況危急，期待您能早日回覆，並提供您寶貴的意見。[2]

我上一次參觀博物館時，有一位館員告訴我，最近有個來自中國的寄信人請求福爾摩斯協助他獲得一名女子的芳心，她不久前才拒絕過他的追求。無論福爾摩斯的粉絲來自何方，似乎都對

這位他們所鍾愛的偵探深信不疑，認為他將協助解決任何可能碰上的難題。

───────────────

心理學家將這種親密的錯覺稱為「擬社會關係」（parasocial relationship）。你幾乎可以和任何人建立這種關係，無論是虛構還是真實的，是人類還是非人類。這是一種徹底單向而毫無互惠的關係，你不會從中得到任何回報。同樣地，你也永遠不會被拒絕。

這個概念聽起來可能很奇怪，但在1956年創造出這個說法的學者唐納・霍頓（Donald Horton）和理查・沃爾（Richard Wohl）認為，擬社會關係展現人類與他人聯繫的基本需求。[3]當他們最初展開研究時，大眾傳媒還在萌芽階段，深受歡迎的虛構角色以及魅力十足的偶像名人都仍相當少見。而今，可供選擇的人物無窮無盡，擬社會連結已成為主流文化的一部分。只要你是某樣事物的粉絲，你就處於一段擬社會關係中。別擔心，這完全正常。

正如前一章所述，與他人建立關聯是演化的必要因素，驅動著我們大部分的行為。然而，這可能很難達成：其他人可能不好相處，我們也可能會在人際關係中受到傷害。因此，人們有時候情願將社交能量投注到虛構角色上，培養一段自己更能掌握的

關係，這並不怎麼出人意表。試想這麼做的優點。虛構角色隨傳隨到，他們絕不會無聲無息消失。他們的性格相當穩定，你確知你愛上的是什麼。而由於一定還有很多其他的人喜歡這些虛構角色，這能帶來已然成形的人類朋友圈，就像普蘭卡・博斯的《瓢蟲少女》社群，或是許多因為都喜愛《哈利波特》而誕生的友誼。

心理學家並不提倡將擬社會關係作為真實世界的替代品，但有大量證據顯示這種關係對人類有益。[4]首先，擬社會關係讓人能夠探索關係中可能令人焦慮的面向，去嘗試傾慕與依附的感覺，而不會有受傷的風險。它能提供成長的機會：把自己帶到一個幻想世界，與那些在現實生活中永遠不會遇到的角色互動。這不僅能拓展心靈，更是樂趣無窮。它還能樹立榜樣和風範，同時也提供「社交點心」，時不時提醒我們「與他人親近」的感覺如何。

在某些情況下，擬社會關係甚至能拯救人的一生。對二十七歲的奇雅・古德森（Thea Gundesen）而言，似乎便是如此。在2000年代初期，她住在丹麥，還只是個小女孩。她感覺自己被同儕排擠，深陷孤獨的絕望之中。她告訴我：「我從小就很難融入別人，我和其他人不像。我從不覺得自己被接受過。他們霸凌我、打我、弄壞我的東西。在成長過程中，知道自己毫無歸屬是很可怕的。表面上這並非生死攸關之事，但某方面來說，它就

是。」直到她的父親帶回一部影片：《哈利波特與神祕的魔法石》，這是該系列電影的第一集。她立刻深深受到裡面精彩奇妙的設定與歡樂的同伴情誼所吸引。「魔法世界對我來說有點拯救的作用，我在那裡尋得安慰。哈利不明白，為什麼他的身邊會發生詭異的事情，為什麼沒有人接受他或愛他。原來，因為他是個巫師，他與眾不同。而與眾不同可以是件好事。我因而理解到，我並不奇怪，也不孤單，我只是還沒找到自己的魔法夥伴。他們會理解我、接納我。」

　　奇雅並非對這部作品中的特定角色感興趣，而是喜歡這個平行宇宙的設定。她發現，她很容易就能想像自己瞬間移動到霍格華茲，與哈利和他的朋友們一起冒險。她說：「那是一個遠離現實生活的家，一個充滿驚奇的異想世界，一個會支持我的社群。這是個完美的幻想。我在那裡的時候感覺不到痛苦。」在那之後，奇雅被診斷患有亞斯伯格症候群和注意力不足過動症（ADHD），可以解釋她童年的某些孤獨與困惑感。現今，她十分珍視與這廣大的粉絲社群之間的連結，這些人都和她一樣熱愛《哈利波特》的世界。有時，她會再度沉浸於魔法世界，提醒自己巫師校長鄧不利多的承諾：「在霍格華茲，只要發出求救信號，必然會有人伸出援手。」以及他對困頓之人的忠告：「即使在最黑暗的時刻也能找到幸福，只要你記得點燃亮光。」

　　奇雅的經驗顯示，典範人物不一定要真實才有意義，虛構世

界中所描繪的規範和價值觀也能夠如現實世界一般打動人心。

不久前，我在社交平臺Reddit上參與一群《星際大戰》粉絲的對話，他們在討論這部系列電影為自己的生活帶來哪些改變，許多人表示自己深受絕地武士的激勵。絕地武士是一群古老的秩序守護者，學習通過冥想和控制負面情緒來引導原力的光明面。有位粉絲說，他希望能像絕地大師歐比王・肯諾比那樣「頭腦冷靜、忠誠、聰明、機智又辛辣」。另一位粉絲受到絕地武士的心靈教條啟發，最終對佛學發展出興趣。幾位粉絲成功將童年對《星際大戰》的癡迷轉化為一種人生哲學。正如其中一位所解釋的：「絕地武士的智慧和理念能幫助我度過難關，並提醒我要對周遭的一切深思熟慮。」

唐納・霍頓認為，擬社會關係對於長期孤獨和社交焦慮的人具有特別的價值，使他們有機會「享受社交的萬靈丹」。[5]心理學研究指出，情況並非一定如此：難以理解他人感受的人也會覺得理解虛構角色有一定的難度，而外向者與熟練的溝通者對兩者都相當在行。[6]不過，擬社會關係**確實**有益於心理學家所謂「焦慮矛盾」依戀的人：這類人渴望親密的關係，但幼年的生活經驗讓他們對此感到不信任。[7]不難理解為什麼幻想人物可能會吸引他們：他們可以自由決定這段關係多麼親密與投入，而不必害怕

被遺棄。另一個益處是，當你知道你能夠與福爾摩斯、石內卜（《哈利波特》的角色）或史巴克（《星艦迷航記》的角色）建立關係，你就可能會更傾向於與和善的左鄰右舍試試水溫。

當現實世界的關係破裂，使人絕望而迫切需要歸屬感時，擬社會關係特別重要。在社交上遭拒可能會讓人感到自我的核心裂出一道傷痕。事發後，人們會竭盡全力去重建與他人的羈絆或是建立新的關係，以填補社會關係的破洞。比如，花更多時間凝視家庭照片，在社群媒體上瀏覽朋友的個人檔案，或專注於象徵性物品，例如足球衫或珍貴的禮物，以確保自己並不孤單。[8]甚至可能與寵物的關係更加緊密——總之，任何能填補空虛的事物都好。在這種渴求連結的狀態下，虛構角色和真人同樣可能成為對象。[9]心理學家梅根・諾爾斯（Megan Knowles）研究人們對拒絕的反應，她說，虛構角色可以充當「社交替身」或朋友的替代品。她的實驗顯示，想著、寫下、或是看著喜愛的角色，都能減輕一些拒絕所造成的傷害，也能作為被孤立的緩衝，如同現實生活中的友誼一樣。[10]

當人們試著滿足社交需求時，是可以相當有彈性的。心理學家潔伊・戴瑞克（Jaye Derrick）在休士頓大學（University of Houston）的研究發現，光是想著最喜歡的電視節目，就能減輕面對拒絕時的孤獨與焦慮感。[11]其中一個可能的原因是，長壽劇如《實習醫生》（*Grey's Anatomy*）、《黑道家族》（*The*

Sopranos）和《慾望城市》（*Sex and the City*）等，都圍繞著同一批角色，他們每週都一起出現在同樣的場景。因此，我們很容易就能溜進那個熟悉的空間，體驗到歸屬感。「我們被傳送到這個虛構的社交世界中。」戴瑞克解釋：「那裡有劇情，但也有個別的角色，有雙人組，還有團體，所有的人都在彼此互動，你會覺得自己就是其中的一份子。」此外，她說，也很可能，我們社交圈中的其他人和自己觀看同樣的節目，或許甚至是在同樣的時間一起看的。「這些節目具有社交性，一部分原因就是我們在觀看時感覺與他人有連結，無論是現實中親密的人、線上的粉絲團體，還是其他也在追劇的大批人群。」

最近，戴瑞克的學生瑪姬・布里頓（Maggie Britton）證明，虛構世界不僅能改變我們對自己的感覺，還能夠幫助我們改正負面行為。例如，想要戒菸的人如果有伴侶支持，就更有機會成功，而那些伴侶較冷淡的人就只能孤軍奮戰。但布里頓發現，要彌補所缺乏的支持，可以轉而向喜愛的電影、書籍或電視節目尋求。她的研究顯示，社交替身在幫助戒除陋習方面幾乎和真人一樣有效。[12]當你可以向魔法奇兵巴菲（*Buffy the Vampire Slayer*）或聯邦星艦「企業號」的船員傾訴心聲時，誰還需要現實中的伴侶？[13]

我們在虛構世界中度過大量時間。為什麼我們如此喜愛那裡？有幾種可能性。虛構世界讓我們逃離單調乏味的生活，保護我們免受孤獨和社交拒絕的傷害，協助我們透過他人的眼睛看世界，並鼓勵我們想像他人的感受。在演化心理學家之間，有一種流行的理論是，虛構世界讓我們能夠模擬未來，探索新的觀點，並為可能威脅我們的情境做好準備。[14]上述都可能是真的。數萬年來，人類一直將大量的認知能量用於創造與吸收故事。如果故事沒有用，那才奇怪。[15]

欣賞虛構世界並非被動的消遣。在發揮極致時，這是深刻的互動，甚至能改變一個人，是一種測試想像與現實邊界的方式。其中一種最明顯的展現方式就是cosplay藝術，或「角色扮演」，意即穿著靈感源自虛構角色的服裝，是一種粉絲傳統。[16]現代形式的cosplay起源於1960年代的美國科幻聚會，而在聖地牙哥國際動漫展（San Diego Comic-Con International）上達到顛峰，這是一年一度的流行文化慶典，每年吸引成千上萬的粉絲。在動漫展上，參加者每次都能預期會遇到精心打扮的想像人物，如蝙蝠俠、金鋼狼、丹妮莉絲‧坦格利安、佛地魔、來自《阿凡達》的藍色納美人，以及或多或少的《星際大戰》帝國風暴兵、迪士尼公主、莉亞公主和托爾金矮人。

媒體研究學者亨利‧詹金斯將動漫展描述為「夢想的領域」，而cosplay是將夢想公開的一種方式。[17]但這些夢想在看

似空泛奇想之餘，更是一種積極的追尋。Cosplay讓粉絲可以突破自身的限制，以歡樂的方式嘗試各種身分。角色扮演者（cosplayer，或簡稱coser）經常刻意挑選與自己差異甚大或不同性別的角色（稱爲反串），甚至是不同年齡的角色，只爲體會是什麼感覺。有些人選擇具有反社會特質的角色——他們或許也有這種特質，但平常將之隱藏——而終於有機會釋放心中的黑武士或佛地魔。[18]

其他人則投向他們想仿效的人物，這些人物擁有他們欣賞的特質或價值觀。心理學家羅繽·羅森伯格（Robin Rosenberg）透過社群媒體招募198位角色扮演者，對其進行研究。在她的研究中，有一位自有記憶以來就一直想扮演神力女超人的受訪者，原話引用如下：

> 神力女超人是一位美麗的公主，但堅強而獨立。她能照顧好自己和她所關心的每個人，不需要王子來拯救她。我在一個全女性的家庭中長大，對我來說，這些都是重要的特質……從神力女超人身上，我能看出母親最優秀的特質，以及我希望我和妹妹能夠成爲的那種女性。我從小就崇拜她，並且想要在長大後「成爲」她。[19]

要打扮成來自虛構宇宙的人物，並在一群目光敏銳的粉絲

面前展現自我，需要一定的自信與氣勢。有些人可能認為角色扮演者都很外向或富有表現欲，但針對此社群的人格調查卻發現，實情恰好相反。[20]他們打扮不是為了炫耀，而是因為喜歡這種打扮。

一旦他們融入角色，性格便可能發生重大的變化。這方面的證據主要來自對「獸迷」（furry）的研究，他們是擬人化動物角色（具有人類特徵的動物）的粉絲。擬人化動物的例子包括迪士尼的米老鼠和小鹿斑比、電玩角色音速小子、理察・亞當斯（Richard Adams）的小說《瓦特希普高原》（*Watership Down*）中的兔子，以及魯德亞德・吉卜林（Rudyard Kipling）的《叢林之書》（*The Jungle Book*）和迪士尼的《獅子王》（*The Lion King*）中的任何動物。

與其他流行文化的粉絲不同，獸迷對現有角色不感興趣，而是熱衷於創造自己的角色。每個獸迷都會有個「獸設」（fursona），這是一種化身或靈性動物，代表理想化或替代版本的自己。獸設可以是任何生物，現實和奇幻的都行。最受歡迎的是狼、狐狸、狗（特別是哈士奇）、老虎和獅子。物種的選擇受到文化影響：龍在亞洲很流行，而袋鼠在澳洲亦然。有些獸迷的身分是混種，例如狗與狼的混合。在獸迷聚會和線上論壇，還有各式各樣較冷門的物種在大型掠食者之間爭奪地盤：老鼠、兔子、浣熊、熊、馬、蛇、臭鼬、松鼠、烏鴉、貓頭

鷹，偶爾還有恐龍。世界上最大的年度獸迷聚會是匹茲堡的AC（Anthrocon），由研究科學家塞繆爾·康威（Samuel Conway）主辦，他扮演的身分是日本武士蟑螂（samurai cockroach）。我遇過獅鷲和獨角獸，甚至還有古代中美洲崇拜的羽毛蛇神魁札科亞托（Quetzalcoatl）。參加聚會讓獸迷既能夠展示內心的動物，又能加入這個豐富多彩的大家庭。只要你披著毛皮，你就是部落的一部分。配飾如尾巴、耳朵、項圈和毛邊服裝都是**必需品**，而最投入的人會穿上工期需要數週的全身獸裝（fursuit）。無論怎麼打扮，尾巴都被視為必備。在獸迷大會上，切記時時留心腳下，別踩到了。

獸迷感興趣的領域可能相當獨特，但他們將之表現的動機與其他類型的粉絲共通。社會心理學家寇特尼·普蘭特（Courtney Plante）表示：「這讓志趣相投的人得以藉機相聚一堂，與當地教會團體的情誼與社群或每週光顧同一間酒吧的足球迷並無二致。」普蘭特是國際擬人化研究計畫（International Anthropomorphic Research Project, IARP）的聯合創辦人，該計畫由一群社會科學家組成，他們在過去十年間收集有關獸迷的人口學、態度和行為的資料。幸虧他們的研究，在眾多粉絲圈中，我們對獸迷的了解之多僅次於體育迷。[21]

普蘭特自己從青少年時期起就是個獸迷，因此對這個圈子相當熟悉。他的獸設是一隻名為Nuka的貓，毛皮是霓虹藍色。選

擇貓是因爲這是他最喜歡的動物，而藍色是因爲身爲色盲，這是他能看到的少數顏色之一。即使處於研究者的身分時，他也會自在地展露自己獸迷的一面。他有時會穿著獸裝講課（據他表示，學生的回饋「相當正面」）。當我以Skype與他通話時，他在加拿大魁北克主教大學（Bishop's University）的辦公室裡，戴著一條皮項圈，上面繫著金屬鏈製的牽繩。

普蘭特除了是個獸迷，還是個「小馬迷」——動畫電視節目《彩虹小馬：友情就是魔法》（*My Little Pony: Friendship is Magic*）的粉絲。該節目以孩之寶（Hasbro）的玩具系列爲基礎。如果你在1980年代長大，可能就玩過這些玩具。《彩虹小馬》的目標客群是小女孩，但出乎意料在二十多歲的異性戀男性間擁有不少觀眾，他們受到友誼和關懷的主題所吸引，並很享受這個翻轉傳統性別刻板印象的機會。節目中的小馬具有辨識度高的個性與獨一無二的外觀：六個核心角色（「主角六馬」）都各自代表一種「諧律元素」（普蘭特最喜歡的小馬「紫悅」代表魔法）。每一集的結尾，小馬們都會對友誼的本質有更多的理解。

和獸迷一樣，小馬迷表現出的許多行爲傾向都符合在第二章探討的亨利・泰菲爾和約翰・透納的社會認同觀點。普蘭特與同事所執行的調查發現，小馬迷不僅認同《彩虹小馬》角色的正向社會規範，並且這些規範還會影響他們的行爲。和其他小馬迷在一塊的時候，他們會變得更加樂善好施：捐助更多錢給慈善機

構，並且大致上更樂意伸出援手。節目看得愈久，就會變得愈加慷慨。[22]

　　人格特質如慷慨等會隨著情境而變化，這與性格無法改變的想法相牴觸，但後者這個常見的觀點似乎是錯誤的。社會心理學家普遍認為，社會環境可以對人的思維與行為甚至個性產生深遠的影響。社會認同理論便建立在此一原則之上，[23]部分證據就來自國際擬人化研究計畫對獸迷的研究。

　　2015年，普蘭特的同事史蒂芬‧瑞森（Stephen Reysen）帶領團隊評估數百名獸迷的「五大」人格特質：外向性、嚴謹自律性、經驗開放性、親和性以及情緒穩定性。他們接受兩次測驗：一次是日常的「非粉絲」身分，一次則是「獸設」。結果相當驚人：在獸設身分的性格，每項特質的得分都顯著高於日常性格，特別是外向性。外在身分改變時，似乎內在也跟著改變了。普蘭特說：「獸設往往是自己更強大、更超越現實的版本。所以，更加快樂與有趣，更加外向和有自信。但也更嚴肅、更勤奮、更友善。這是一個理想化的版本。」[24]

　　這個原則也適用於其他的粉絲圈。當瑞森評估體育愛好者在粉絲和非粉絲模式下的性格時，他發現類似的規律，儘管變化的方向和幅度不同。在球隊模式中，體育迷更外向，但嚴謹自律度下降，較不親和，情緒也較不穩定。這聽起來很合理：在足球和棒球比賽的看台上，暴躁易怒與針鋒相對都是常態。成為粉絲可

能會讓人改變，但每個粉絲圈改變的方式不盡相同。

———————

雖然虛構世界能夠帶來許多快樂與心靈成長，但有時也令人沮喪。劇情可能會令人失望，不該相愛的角色卻墜入愛河，或者當自己所處的年齡組、性別、種族或性取向沒有代表人物時，我們可能會感到有所隔閡。這種情況發生時，粉絲通常會設法自行解決。粉絲圈的常見規則是：「如果不喜歡，就自己重寫。」每天都有數百萬字的「同人小說」（fan fiction）產出，因為同人作者想要不同的結局、不同的主角、或是幫角色換一個新的戀人。幾乎所有的小說都不會流傳到粉絲社群以外（E.L.詹姆絲的《格雷的五十道陰影》和珍‧瑞絲的《夢迴藻海》是值得注意的例外）。[25]

一般認為現代同人小說是從《星艦迷航記》開始的。自1966年第一季播出以來，粉絲就一直大膽地在這個宇宙中創新。這個文學類別還可以追溯到更久遠以前。自從現代小說誕生，粉絲就一直在改編故事，根據自己的偏好重新敘事。1726年，強納生‧史威佛特（Jonathan Swift）的奇幻諷刺作品《格列佛遊記》（Gulliver's Travels）出版後，讀者對主角在小人國、大人國、天空之島和慧駰國的奇遇非常入迷，因而開始著手替格列佛書寫新的冒險。例如，《小人國學習狀況記述》（An Account of the State of Learning in the Empire of Lilliput）描繪格列佛遇到一位傲慢的圖書館員，他拒絕提供任何書籍，除非格列佛簽署一份聲明，證明他擁有「廣博的學問與知識」。這部小說也啓發了同人藝術，例如威廉・賀加斯（William Hogarth）的版畫《對格列佛施加的懲罰》（The Punishment Inflicted on Lemuel Gulliver），刻畫小人國居民對格列佛煞費苦心進行灌腸，以懲罰他「在京城米敦都小便褻瀆皇家宮殿」。[26]

《格列佛遊記》的同人小說主要是向鍾愛的作品致敬，但情況並非總是如此：不滿意也能成爲一股強大的動力。十九世紀文學中，最不受歡迎的情節轉折就是柯南・道爾在1893年決定殺死福爾摩斯。接下來幾年間，痛失寄託的粉絲讓福爾摩斯在短篇小說和劇本中復活了幾百次。其中不乏戲仿之作，始於嘲諷這位偉大偵探的姓名：例如《福耳摸斯的冒險》（The Adventures of Chubb-Lock Homes）和《好運福矮人的不幸冒險》（Misadventures of Sheerluck Gnomes），或是「瘦洛克・骨爾摩斯」（Thinlock Bones）和「啥生醫師」（Dr Watsoname）辦案的故事。最終，作者本人回心轉意，在1901年的《巴斯克維爾的獵犬》（The Hound of the Baskervilles）中讓福爾摩斯復活。此後，柯南・道爾的經典偵探小說依然不斷被衍生、重新想像，並獲改編爲電視與廣播節目，次數超過任何其他的英語作品。[27]同人小說的書目持續增長。有個流行的手法叫作「221b」，故事正

好有221個字，而最後一個字要以b結尾，向這位主角在貝克街的地址致敬。

　　同人小說的創意無窮無盡。Archive of Our Own（縮寫為AO3）是規模最大的同人小說、藝術和影片線上資料庫，約有五百萬名註冊用戶、超過九百五十萬件作品（這些數字更在冠狀病毒大流行期間遽增）。[28]在AO3上，可以找到各種浮想聯翩的故事，題材涵蓋大眾文化中幾乎所有的真實及虛構人物，還有成千上萬重編的劇情，改寫電視節目、電影、小說、戲劇、漫畫和圖像小說。《哈比人歷險記》（*The Hobbit*）有超過一萬個版本，《戰爭與和平》（*War and Peace*）也有四百個。有個常見的手法是將劇情放到二十一世紀……

決鬥結束後，皮埃爾決定上reddit發洩挫敗感。[29]

　　或以對現代觀眾可能更具吸引力的方式重寫。托爾斯泰想必不曾想過自己的經典小說可以改寫成這種開頭：

娜塔莎常常思索，從自己已故未婚夫的妹妹身上找到慰藉的倫理是什麼。[30]

　　同人小說對現實與虛構世界都能提出令人驚奇的版本，

有時甚至十分怪異。如果你沒讀過同人小說，就不會知道1世代的成員已經重生爲好萊塢超級巨星，或者蝙蝠俠和鋼鐵人在成爲超級英雄之前是寄宿學校的同學，或者《X檔案》（The X-Files）中的穆德遇到了上帝，或者寇克艦長、史巴克博士和「老骨頭」來到地球，與在《星艦迷航記》中飾演他們的演員相見。你會完全錯過揮舞著戰錘的超級英雄索爾在攝政時期的冒險，以及他涉及一場《理性與感性》（Sense and Sensibility）風格雙重婚姻的劇情。

同人小說作者經常致力於發展原作中不曾出現的關係，或常稱的「湊對」（shipping）。將兩個喜愛的角色湊對，是一種發展或理解角色的方式，以探索他們能夠做到什麼。在同人小說中，將兩個不一定是同性戀的同性角色湊對很常見，這種手法稱爲「斜線小說」（slash fiction，以用於描寫配對的標點符號「／」命名）。斜線小說讓粉絲得以在傳統敘事外創新，打破鍾愛的作品中原有的社交動態或是性關係，這種策略既賦權又解放（按：斜線小說類似華文的同人BL小說）。

最早的斜線配對是「寇克／史巴克」，《星艦迷航記》中顯而易見的一對。其他常見的配對包括福爾摩斯／華生、戴賽／郝綏（《警網雙雄》〔Starsky & Hutch〕的主角）、龐德／Q先生、鮑迪／道爾（出自《CI5行動》〔The Professionals〕）和柳／塔拉（出自《魔法奇兵》〔Buffy the Vampire Slayer〕）。並非

所有斜線配對都如此明顯。研讀英國古代史的學生得知有人書寫亞瑟／梅林可能會十分驚訝。我的母親與她的教會朋友肯定會對耶穌／猶大瞠目結舌。有一整個稱爲「流行斜線」（popslash）的子類型，專注於九零年代流行樂團「超級男孩」（NSYNC）和「新好男孩」（Backstreet Boys）成員之間杜撰的關聯。「Larry Stylinson」則是1世代的哈利・史泰爾斯（Harry Styles）和路易・湯姆林森（Louis Tomlinson）關係的代稱，這段戀愛關係備受期盼，但幾乎肯定是子虛烏有。日本漫畫《義呆利Axis Powers》（Hetalia: Axis Powers）中的角色是第二次世界大戰的參戰國家擬人化，這部作品爲世人帶來了美國／英格蘭，這個配對有兩個年輕小伙子，一個精力充沛，有著星藍色的雙眼，另一個則暴躁易怒，而且廚藝十分糟糕（一定猜得出誰是誰吧）。

近年來，斜線小說作者則是被《哈利波特》系列中所存在的無限可能性淹沒。「哈迷」的粉絲圈是網路上最大的文學社群，在AO3上登載超過370,000件作品，達第二名的《星際大戰》兩倍之多。許多哈迷可能會被哈利／妙麗、哈利／榮恩或是哈利／跩哥之類的想法嚇壞，但除了這些，還有上百種隱藏的配對在那裡等著眾人閱讀。J.K.羅琳的虛構宇宙已然建構精細，多元豐富，那爲什麼還需要擴展它呢？粉絲們總是會覺得還有更多故事可以講述。羅琳不會認可《哈利波特》同人小說中的許多次要劇情和角色塑造，但在粉絲圈中，這些由盡心盡力的粉絲所撰寫的

版本與原著同樣令人信服。[31]

　　或許你已經注意到，斜線小說的配對幾乎全都是男性。這可能與大多數作者是女性的事實有關。（在2013年的最新人口普查中，AO3的用戶有80%自稱爲女性。）[32]打從早期的《星艦迷航記》開始，在流行文化中最活躍的粉絲就是女性。很少有星艦迷眞的符合大衆的刻板印象，是那種不擅長社交但會說克林貢語的男性，還會在見到朋友時行瓦肯舉手禮。針對這種性別差異，最有可能的解釋是，大多數電視節目由男性製作，描繪男性視角；加入粉絲圈和書寫同人小說使女性能夠創造不同的敘事，反映她們想看到的社會。[33]

　　最近，其他權利遭剝奪的少數族群，如有色人種、LGBTQ社群和身心障礙者也紛紛效法，湧向粉絲網站，以更能代表自己的方式重述喜愛的故事與角色。同人小說是一個廣泛的教派，並正在吞噬父權：白人異性戀男性在作者中占比甚低，而且仍在不斷減少。[34]2013年，奇幻作家萊夫・葛羅斯曼（Lev Grossman）觀察到，同人小說比它所戲仿的主流作品更具生物多樣性：

　　　它打破了性別、文類、種族、準則、身體和物種、過去
　　　和未來、有意識和無意識、虛構和現實之間的牆壁。從
　　　文化上而言，這曾經是前衛派的工作，但在許多方面，
　　　同人小說已然跨足這個角色。[35]

如今過了十年，同人小說相較以往只是更具實驗性且異質，經常處理那些鮮少浮上主流檯面的議題，包含世界末日的未來、男性懷孕、加速和逆轉衰老、交換身體和性別、時間旅行、亂倫、輪迴轉世，以及任何你可能根本無從想像的性倒錯與性變態。類別包括半人馬化（讓角色的身體轉變為半人馬）、「外星人叫我做的」（基本上就是做愛）、「交配或死亡」（就是字面上的意思）、「翅膀小說」（人類長出翅膀）、「窗簾小說」（角色在做家事）、「死亡小說」（原作中倖存的角色死亡）、「黑暗小說」（比原作更抑鬱的故事），以及最愉快的「咖啡店小說」，描寫主角因為一杯卡布奇諾或瑪奇朵而展開戀情。

有一類同人小說成長速度甚快，就是政治小說。似乎有不少圍繞著比爾（Bill）和希拉蕊・柯林頓（Hillary Clinton）的愛情生活，如下方的這個例子：

> 比爾讓她轉身，拉著她的背靠入自己的懷中。「酒吧那邊的右翼分子正在盯梢我們的一舉一動。」「對，我知道。」她把手放在他的胸前，他的手立刻覆上她的手。「我幾乎都能從這裡聽到他們腦中的輪子在急速轉動。」「噢，你知道的，寶貝，他們不常使用大腦，所以一定會生鏽，發出一些噪音。」（《一如既往》〔*The Same Old Thing*〕，作者：RacingHeart）[36]

如果這感覺太寫實派，你可以嘗試一些幾乎不可能成真的作品，比如描寫川普與史瑞克的關係：

川普突然感到一雙強而有力的雙臂圍繞著他，穩住他，並拯救了他。他抬起頭，看著那個抱著自己的男人，當史瑞克用那雙長滿厚繭的大手覆上自己的頭頂時，他發現自己又再次喘不過氣。「看來你的假髮有點滑掉了，」史瑞克在他的耳邊吹氣，一邊將川普的頭髮戴正，那動作是如此溫柔，幾乎不像是來自一個如他那般身形的怪物。（《讓美國再次鮮綠》〔*Make America Green Again*〕，作者：orphan_account）[37]

或者這篇描繪首相大衛‧卡麥隆（David Cameron）上任第一晚的奇異小品，那晚他遇到妙麗‧格蘭傑，她自封為他的魔法部國務卿：

「魔法不存在，」大衛告訴她。「魔法只是童話故事。」格蘭傑嘆口氣，一彈手指，突然間，他的整間辦公室充滿了天堂鳥。牠們在房間頂部盤旋，嘎嘎叫著，掉落幾根羽毛，然後消失了。（《驚天動地的轉變》〔*A Historic and Seismic Shift*〕作者：raven (singlecrow)）[38]

撰寫同人小說可以出自各種原因。這讓人能夠以更完整的方式參與到熱愛的故事中，甚至能夠將其顛覆；進入喜愛角色的心靈世界；在不希望結束的故事中待久一些；透過他人的眼睛探索自己的認同；逃離現實，或嘗試新的現實；或者對不會批判自己的讀者測試寫作技法。同人小說作者經常與所寫的角色發展出長期的擬社會關係，並且可能會自認比原作者還更了解這些角色。[39]創作過程中，作者也會增加人類朋友，因為同人小說創作是一種社交活動。如果你打算把哈利波特帶到J.K.羅琳從未試過的地方，知道其他粉絲已經帶他去過哪裡是很重要的，而且也要參與寫作者的社群。你可以肯定，你與這個社群至少有兩個共同點：對寫作的熱愛，以及對你正在寫的任何東西的熱愛。

在我為本書進行研究的早期階段，我參加一場在樸茨茅斯大學（University of Portsmouth）舉行的「粉絲研究」研討會，感覺也像是一種同好聚會，只不過是學術上的。大多數參加者是「學術粉絲」（aca-fans），意即將童年的興趣轉化為學術主題的研究人員。但有一位格外優異的講者並非學術粉絲，而是同人小說的作者與出版者。[40]

艾特琳・梅里克（Atlin Merrick）撰寫了超過一百萬字的同人小說，其中超過60%的題材是福爾摩斯。她的福爾摩斯故事在

AO3上大受歡迎，重新構想這位偉大的偵探與他的同事華生相遇的各種方式，除了在1881年倫敦的聖巴托羅繆醫院（St Bartholomew's Hospital）以外，還可以是朋友或浪漫伴侶的邂逅。到目前為止，根據這個題旨，她已經寫了110種版本。幾十年間，她讓這對夥伴在各種地方相遇：倫敦西區的脫衣舞俱樂部、德對英閃電戰期間的空屋、香港的電腦實驗室、旺茲沃思監獄（Wandsworth Gaol）、國王學院的演講廳、印度的警察局、滑鐵盧車站（Waterloo Station）（他們在那裡以走失兒童的身分相遇）和南華克橋（Southwark Bridge）下的行人隧道。本質上，據她所說，這些都是友誼的故事。「如果沒有友誼，就沒有福爾摩斯和華生。」[41]

　　在她的演講中，梅里克談到她身為粉絲圈的一分子以及一位同人作家是如何交到朋友，以及這些友情如何「改變了她的一切」。她說：「粉絲圈賦予人們力量。」稍後，我問她想表達的是什麼。她解釋，在「黑人的命也是命」運動之後，有個議題浮出水面，就是社會經常對那些不一樣的人們視而不見。「你能想像自己是個無性戀自閉症閱讀障礙者嗎？你會太特別、太渺小，以至於基本上是隱形的。如果整個黑人社群都是隱形的，你還有什麼機會被看見？但後來，你寫了一篇故事，有人讀了它；或者你讀了一篇故事，而在當中找到共鳴。你就會知道，自己是確實存在的。這就是我所說的力量。」

在當今文化中，力量經常感覺存在於別的地方，像是在偶像名人，或是明星背後的企業巨獸。成為粉絲是一種將力量收回的方式。下一章將會聚焦於名流的粉絲，這個類別吸引大量媒體關注，高得不成比例。比起他處，此地也是最容易越界的，崇拜轉化為癡迷，甚至偶爾變成妄想。不過，與名人的擬社會關係大多還是有益的，有時甚至能改變人的一生。明星需要粉絲。沒有粉絲，大眾文化的歷史絕對會大不相同。

4 追星之旅
Reach for the Stars

一般認為，名人崇拜是一種現代專屬的現象，但它其實有著悠久的歷史。第一批會景仰其文化中大眾人物的人包含古希臘人。他們的英雄是神話中的戰士，大多數因為在戰鬥中殺敵——或有時是戰死——而成為英雄。荷馬（Homer）史詩《伊利亞德》（*Iliad*）的主角阿基里斯（Achilles）在特洛伊戰爭中屠殺許多敵軍，從而成名。[1]赫克托耳（Hector）是他的刀下亡魂之一，本身也是一位英雄。阿基里斯殺了他，並誓言要將他千刀萬剮，還要吃他的肉。（替阿基里斯說句話，赫克托耳剛殺死了他的朋友帕特羅克洛斯〔Patroclus〕以及31,000名希臘士兵。）英雄之中最勇猛的是宙斯（Zeus）的兒子海克力士（Heracles），他因殺死勒拿九頭蛇等豐功偉業而聞名。

這些古希臘的偶像在雕像、繪畫、歌謠和傳說中不朽，但他們實在很難稱得上是美德典範。海克力士用一把里拉琴將他的音樂教師痛毆致死，還殺了自己的妻兒，儘管後者的起因是他善妒的繼母赫拉（Hera）讓他的心神陷入癲狂。阿基里斯自大而嗜

血，而且復仇心極強：殺死赫克托耳後，他將屍體綁在戰車上，在塵土中拖行十二天。雖然他們的行為值得質疑，但仍然是受膜拜的英雄，是那個時代的風雲人物。[2]

古典文化學者則辯護道，古希臘人崇敬這些英雄，是因為他們願意為幫助他人而犧牲自我，這是現代名流普遍欠缺的動機。儘管如此，正如本章即將闡述的，許多我們在名人身上所重視的特質，與古希臘人欣賞阿基里斯、赫克托耳和海克力士的特質，其實十分相似。現代粉絲受到偶像吸引，是因為他們成績斐然。卓越者擁有令人印象深刻的技藝和成就，而使我們歌功頌德。只是品味不同了：如今，我們更喜愛音樂、文學、體育、戲劇和藝術方面的卓越，而不是大規模的殺戮，儘管連環殺手也擁有相當比例的崇拜者。一旦我們找到自己的偶像，就如同古希臘人，我們依然期待從中獲得救贖。

為什麼我們需要偶像？其中一種解釋來自心理學家阿爾伯特‧班杜拉（Albert Bandura）的一系列實驗。在1960年代，班杜拉主張，人們主要透過觀察和模仿他人來學習如何行事（稱為社會學習理論〔social-learning theory〕）。現在這或許聽起來理所當然，但當時卻被認為是激進的，那時大多數心理學家都相信，人們的學習方式是透過對環境變化做出反應時受到相對應的獎勵或是懲罰（即所謂的「刺激–反應」模型〔'stimulus-response' model〕）。

班杜拉研究兒童與「波波娃娃」（Bobo doll）的互動，以測試他的理論。波波娃娃是一個真人大小的充氣玩偶，有個球形底座，把它撞倒時會反彈。首先，他讓兒童看到一名成年人與娃娃互動。有時成年人對待娃娃十分暴力，揍它的臉，或是將它在房間內扔來扔去。另一些時候，成年人則是徹底忽視這個娃娃。當輪到兒童時，他們便傾向複製剛才看到的成年人行為。那些看到成年人滿懷侵略性的兒童，也會毫不猶豫對娃娃拳打腳踢，甚至出言侮辱；而其他兒童則把娃娃晾在一邊，忙著玩周遭其他四散的玩具。[3]

波波娃娃的實驗證明兒童如何受到周遭他人的影響，也揭示行為榜樣的重要性。實驗結果還發現強烈的性別傾向：男孩更可能會模仿成年男性，而女孩則會模仿成年女性。在現實世界中，我們傾向於模仿與自己相似的人。這種相似可能是性別、種族或年齡，也可能是曾有類似的經驗，或在價值觀或個性方面與自己相吻合。[4]上述任何一項因素雷同與否，都可以做為指標，預測我們是否會偏愛、認同，或是想要效法一個人。這就是我們選擇朋友的方式——選擇偶像亦然。

任何研讀名人心理學的人，遲早都會接觸到蓋兒·史蒂弗（Gayle Stever）的研究。她是紐約帝國州學院（Empire State

College）的教授，已經探索這個主題超過三十年了。她從來都不是她所研究的任何名人的粉絲，這在該領域的研究人員中相當不尋常。然而，她是粉絲的粉絲，她稱之為「元粉絲」（metafan）。

史蒂弗對粉絲圈的著迷始於1960年代中期，當時她九歲。披頭四（The Beatles）剛發行新唱片，她和母親在紐約羅徹斯特（Rochester）的西布利百貨公司（Sibley's）外排隊，希望能買到一張。「門打開了，裡面都是成年人，我是唯一的小孩，然後突然之間——我要是不逃跑，就鐵定會被踩到。我在商店裡狂奔，周圍都是這些瘋狂的人群，然後我就在想，這裡到底發生了什麼事？」

史蒂弗用她一生的職涯追尋這個問題。她使用「參與觀察民族誌」（participant–observer ethnography），這是一種田野調查的研究方法，需要到粉絲的「自然棲息地」與他們互動，意即，演唱會、粉絲聚會、記者會和頒獎典禮。她參加過數十場麥可·傑克森（Michael Jackson）、保羅·麥卡尼（Paul McCartney）、瑪丹娜（Madonna）、珍娜·傑克森（Janet Jackson）、喬許·葛洛班（Josh Groban）、席琳·狄翁（Celine Dion）和麥可·布雷（Michael Bublé）等明星的演唱會，以及一百多場《星艦迷航記》的同好聚。無論她是排著隊採訪粉絲們，或是發放問卷，還是低頭記下自己觀察到的事物，她始終是個圈外人，從

旁看著這一切。不過，她對自己的份內工作非常盡責：她有一次在幾週內一口氣看完五季的《銀河飛龍》（*Star Trek: The Next Generation*），好讓自己趕上最新進度，以確保粉絲們會認真將她當一回事。[5]

不難看出為什麼史蒂弗的工作如此出色。她能夠自然地開啟對話，並溫和地表達自己的看法。完全可以想像，當粉絲在演場會或是同好聚會的場地外面排隊時，她出現在那裡，贏得他們的信任，並巧妙地將對話引向她感興趣的主題。1988年，她開始研究麥可‧傑克森的粉絲。她很快發現，這些粉絲並不符合媒體所刻畫的刻板印象：缺乏安全感、貪得無厭、過度癡迷。她告訴我：「我第一次去參加演唱會的時候，心裡就以為這些粉絲會是那副德性，結果我得把這些印象全都拋諸腦後。」首先她注意到，大部分的粉絲都是成年人：麥可‧傑可森當時三十歲，而大多數歌迷都與他差不到五歲。再來是，粉絲們的舉止相當得宜。

成年的熱情粉絲通常會被認為是病態或非理性的（這似乎不適用於體育迷）。史蒂弗表示，她遇到的粉絲們就是「過著一般生活、擁有正常的關係和工作的一般人，只是剛好喜歡麥可‧傑克森、喬許‧葛洛班或是《星艦迷航記》」。他們狂熱但不瘋狂，迷戀但不執著。她說，在她三十年的研究和成千上萬的採訪中，她遇到過「也許十五個」狀態不太健康的的粉絲，其中包括

一個大肆整形，好讓自己看起來像麥可‧傑克森的粉絲。在史蒂弗的研究中，大多數粉絲認為他們與偶像的關係類似於重要的友誼或是特別的嗜好。他們覺得自己與偶像類似：幾乎所有她評估的麥可‧傑克森男性粉絲都認為他們與麥可‧傑克森有著一樣的性格類型（邁爾斯–布里格斯〔Myers-Briggs〕量表上的內向–直覺型，通常不是男性中的典型）。她回憶道：「他們的說法像是：『我不覺得我與世界上其他人步調一致，但我就和麥可一樣，而且我對他很有共鳴。』」[6]我們經常受到感覺和自己相似的人吸引，而這似乎不只適用於真實生活的友誼，在擬社會關係中亦是如此[7]。

與名人的擬社會關係能帶來許多益處。1988年，史蒂弗去探望一位十七歲的女孩，她的父親最近離家了。這位女孩是麥可‧傑克森的狂熱粉絲，臥室牆壁上貼滿了偶像的海報。她曾經和父親很親近。她告訴史蒂弗：「我愛麥可‧傑克森，他不會離開我。如果我決定不要再追蹤他了，我可以把這些都拆掉，好好畫上句點，但這都會是我自己的決定。」顯然，在她失去與父親的關係時，傑克森有助於她消化這份悲傷。

二十年後，史蒂弗在喬許‧葛洛班的演唱會外面遇見一位女士，她的丈夫死於某種侵襲性癌症。這位女士已經放棄尋找人生第二春的念頭，因為她不覺得自己能夠再對其他人萌生曾對丈夫有過的感覺。接著，她逐漸迷上了葛洛班。她知道這很愚蠢，

等級	描述
等級 1	對明星的興趣是負面的。是個「黑粉」(anti-fan)。
等級 2	對明星或成為任何人的粉絲沒有興趣。
等級 3	對名人大致上有興趣，但並沒有對特定的某個人或幾個人特別感興趣。
等級 4	對明星或媒體的興趣高於一般程度，但並不特別關注某一位明星。顯然對媒體較關注，但並不是特定某個人的粉絲。
等級 5	對一位明星或是幾位明星特別感興趣，但僅限於對他們的成果（而非明星本人）。
等級 6	對明星的興趣到了人際層面，會花費可觀的時間、金錢及心力追星。儘管有所花費，但並非執著的興趣，也不會對日常生活有長期影響。
等級 7	對明星的興趣到了執著的地步，已然侵擾粉絲的日常現實。儘管癡迷，但日常生活仍高度正常運作（有工作、家庭等，並能履行該場域的義務）。
等級 8	對明星的興趣顯然是病態的，負面影響粉絲的健康，偶爾（或長期）誘發自殺意圖，或是很明顯非為粉絲最大利益的行為。干擾正常就業及／或與家人或是重要的人建立關係。

蓋兒‧史蒂弗的粉絲強度量表，用以衡量粉絲對名人
的感興趣程度。（蓋兒‧史蒂弗）

他對她來說太年輕了，而且無論如何，她永遠也不可能與他碰面
——但這讓她意識到，她還是能夠擁有浪漫的情懷。她甚至考
慮過重拾男女約會的可能性。「同樣的故事，我聽過好多好多
遍。」史蒂弗說：「我見過許多女性——碰巧都是女性——她們

與某個安全而遙遠的人建立關係，對方不會對她們有任何要求，而這使她們得以減輕喪偶之痛。這讓人有機會藉由一個安全的對象測試自己的感受，而不是與同事或鄰居。」

癡戀名人並不總是如此令人安心，反而有時會導致不切實際的期望，特別是對那些幾乎沒有經歷過現實世界關係的年輕人。史蒂弗的同事莉娃・圖卡欽斯基（Riva Tukachinsky）發現，青少年如果對名人有強烈的情感依戀，往往對於正常關係應有的樣態會發展出理想化的概念，例如：跟一個人在一起，就要喜歡對方的一切；或是覺得一段良好的關係不會有任何衝突。毫無疑問，現實生活很快就讓他們幻想破滅。[8]

對許多粉絲而言，偶像成為了榜樣，是他們希望效法的對象。2020年，我和一位三十多歲的印度裔英國婦女交談，自她有記憶以來，她就「愛著」麥可・傑克森。[9]當她十幾歲的時候，她在臥室牆上貼滿這位歌手的照片，但她的熱愛倒不太是基於理想的浪漫對象，而更接近於認可他所代表的價值觀。「他所傳遞的訊息都是關於愛護地球、關心彼此、行善助人。我很欣賞這點，這激勵了我。我也想要關心其他人，變得善良又有愛心。我的父母也教導我十分相似的價值觀。他們不菸不酒。麥可・傑克森不吸毒，所以打死我也絕對不會碰那玩意。他不抽菸，那我

也就不會抽菸。據我所知，他不喝酒，所以我也不想喝酒。至今，我從未嘗試過香菸或任何藥物，也從未喝過酒。很大程度上，這該歸功於麥可的影響。」當然，她完全知道，近來麥可‧傑克森被指控犯下的虐待行為與這些價值觀背道而馳。在第七章中將探討這種不協調感。

有時候，我們受名人吸引，是因為他們代表某樣在過去與我們顯得十分親近的事物，可能是一種態度或是一種生活方式。珍‧古德曼（Jane Goldman）是《X戰警：第一戰》（*X-Men: First Class*）、《金牌特務：機密對決》（*Kingsman: The Golden Circle*）和《特攻聯盟》（*Kick-Ass*）的編劇，她在十幾歲時是喬治男孩（Boy George）的粉絲，一部分原因是她喜歡他的音樂，另一部分原因是他中性的外表與獨特的浮豔風格，這讓她相信，自己也能在生命中達到一些超脫常軌的成就。「從他身上，我看到這種驅動力，這種跳脫框架的可能性，能夠稍微偏離社會規訓我們該做的事情。」她告訴我：「他激勵我能夠開口說出：『我要開拓自己的道路。』」她做到了。中學畢業後，她離開學校，很快在音樂雜誌《大熱門》（*Smash Hits*）找到一份記者的工作。對於一名1980年代的十五歲少女而言，這是個大膽的舉動，而古德曼認為，若沒有偶像對她的影響，這絕無可能發生。「我還記得，我第一次在節目《流行音樂之巔》（*Top of the Pops*）上看到他，感覺像是觸發了某個開關。我跟很多人談過，

他們都有一樣的經驗。我覺得自己像個局外人，不太確定自己是否適合這個世界，但接著，我突然有了歸屬感，就像找到了自己的方向。」

當粉絲們在評估對自己與偶像之間的關係時，與社會心理學中針對領導者與追隨者之間的一些最新見解頗有雷同。在大眾想像中，形塑偉大的領導者、典範人物或偶像的，應該是人格特質，例如力量、魅力和智慧。但社會心理學家發現，領導者的威望其實取決於他們反映追隨者的價值觀、準則和期望的程度高低，而非他們的個人特質。一位有影響力的領導者代表著該團體的社會認同；這種人很容易追隨，因為其價值觀與追隨者吻合。據此推算，川普在2016年之所以大受歡迎，是因為儘管他相當富有，仍然設法將自己的形象塑造成一個勤奮工作的普通美國人，而他是那種討厭政客的政客，因此能吸引對政治菁英已不抱期望的人。泰勒絲深受上百萬名年輕粉絲的愛戴，不僅是因為她的音樂，也因為她能夠意識到粉絲們在乎的事情，比如女性權益和青少年的感情難關。粉絲無法了解她，但她的歌曲明確傳達出她了解粉絲。[10]

我們喜愛名人偶像，要不是因為他們所代表的意義，就是因為我們想要向他們看齊，或是感覺我們和他們十分相似。而有些時候，純粹只是因為他們在所擅長的領域中神乎其技。有數百萬的網球迷將羅傑・費德勒（Roger Federer）視為偶像，他們

涵蓋各個年齡層、階級以及國籍，全都湧向他的球賽現場，場面宛如宗教信仰。2006年，小說家大衛·福斯特·華萊士（David Foster Wallace）在《紐約時報》（New York Times）上發表了一篇著名的文章，文中主張，費德勒配得上如此崇高的敬仰，因為他的天才已然超越科學所能解釋的範疇。「（他）是那種罕見的、超自然的運動員之一，他們似乎至少在一定程度上不受某些物理定律的約束……這類人可以稱為天才、突變，或是神仙下凡。他從不匆忙，也不會失去平衡。對他而言，飛來的球懸在空中的時間就是比理論上多了那麼一刹那……他看起來就像是（我認為）他應該要有的樣貌：一個身體由血肉以及，不知何故，光明，所組成的生靈。」[11]這讀起來簡直像是一篇讚歌，獻給古希臘的英雄，或是神祇。

當今為人所熟知的名人粉絲文化浮現於二十世紀初期，當時電影逐漸成為大眾娛樂的主要形式。在1930年代，每個月有二十五萬封來自粉絲的信件寄達好萊塢的製片場；第一線的明星每週可以收到三千封。有些是求婚信。有些夾帶著禮物。大部分是索取相片或個人紀念品：比如克拉克·蓋博（Clark Gable）晚禮服外套上的鈕扣；你願意想像的話，還有佛雷·亞斯坦（Fred Astaire）在耶誕節吃剩的火雞叉骨。[12]

與索取簽名不同，粉絲信件往往來自粉絲圈中非常極端的一群人。在1990年代，蓋兒・史蒂弗協助電視節目《銀河前哨》（*Star Trek: Deep Space Nine*）中的兩位演員處理信件。「我花了三年的時間查看他們所有的粉絲郵件，而我可以告訴你，這些信完全不能夠代表一般粉絲的立場。」她說：「在那個時候，絕大多數參加他們粉絲俱樂部的人我都認識，而我從來沒收到任何一封信是我認識的人寫的。」

　　儘管如此，我們還是能從粉絲郵件中了解一些事情，特別是它展現出某些粉絲可以因為偶像而多麼癡狂。

親愛的大衛・鮑伊（David Bowie）：

如果我打擾到你了，請你原諒我，但你是我的生命中心。我希望我能投入你的懷抱，忘了我是誰，只感覺到你的愛為我帶來保護與安全感。多棒的美夢！多奇怪的感覺！

親愛的大衛：

有些時候，我太害怕你可能會發生什麼事情，以至於喘不過氣，我真的好害怕。拜託快來找我！

親愛的大衛：

你就是我對男人的理想，你是最原初的，超越所有我們
曾吸收以約束自己思想與行動的規則。

這些摘錄來自文化評論家維莫瑞（Vermorel）夫婦弗雷德
（Fred）和朱蒂（Judy）在1980年代收集的信件，作為記錄流行
音樂粉絲圈的社會史企劃一部分。在四年多的時間裡，他們閱讀
四萬封粉絲信件，進行三百五十個小時的採訪，並分析四百本日
記、問卷和夢境日誌。[13]大衛‧鮑伊脫穎而出，許多他的粉絲似
乎都認為他是神性的展現。

他有點像是耶穌降世，也可以稱他為外星人。（席拉）

我開始覺得，他是新型態的彌賽亞。（朱莉）

一開始我迷上的是音樂，然後就迷上了這個人。這已經
變成一種信仰了，是全心全意的奉獻。（梅蘭妮）

無數的鮑伊粉絲把他當作性幻想對象。有位女士經常想像
在山頂上與他做愛。另一位夢想他用指甲刮下她的乳房然後吃
掉。以激起性慾的能力而言，鮑伊僅次於巴瑞‧曼尼洛（Barry

Manilow），後者尤其受到已婚婦女喜愛。

> 我和丈夫現在只像是兄弟姊妹一樣住在一起……除了巴瑞以外，我對於和任何其他男人在一起都感覺不淨。如果我不能和巴瑞有性行爲，那我寧可不要。（蘿西）

> 當我跟丈夫做愛時，我都會想像是在跟巴瑞・曼尼洛。每一刻。（瓊安）

有一些粉絲會對自己的祕密情慾感到羞恥，認爲這讓自己變得很奇怪或是道德淪喪。加入當地的粉絲俱樂部以後，這一切就煙消雲散了，因爲他們突然間發現，周遭的這群朋友都和他們一樣，有著不可告人的激情念頭。「我以爲大家走進來的時候，頭上都會套著紙袋，披著黑色的斗篷，豎著衣領，然後帶著鬼祟的眼神探頭探腦，從側門溜進來。」一位忠實的「曼尼洛粉」（Manilover）海倫如此回憶她的第一次粉絲俱樂部聚會。「但事實是，牆上都掛著大家的照片，大家穿著T恤過來，很驕傲地展露自己的愛好。」與她同爲粉絲的蘿西（上面引述的其中一位）在母親去世後，就完全是從這個粉絲俱樂部建立起社交圈的。「如果沒有巴瑞，沒有這些我因爲他而交到的所有好朋友，我不知道該怎麼面對人生。」她說：「我是說，沒有人能取代我

媽咪的位置，但他已經是一次非常棒的嘗試了。」

結束流行音樂粉絲圈的企劃以後，維莫瑞夫婦似乎對研究結果感到有些矛盾。發表成果時，他們在後記指出，從許多的粉絲信件和面談中可以看出一股暗潮洶湧的敵意，有可能是肇因於「無法實現，又無法消耗的激情」。面對偶像公然挑釁時，粉絲的回應是將權力扭轉至自己這一側，這就像是一種政治行為：

> 愈是靠近地觀察粉絲，愈會覺得他們不像是獻身於某個特定行為，而更像是一種令人不安的消費神祕主義中的祭司……在激情中，在狂喜中，在譫妄中，粉絲們表明他們就是烏托邦浪漫主義的真正繼承者，這股感性的潮流已經持續自證比許多自稱為激進主義的更麻煩、更顛覆也更具挑戰性。[14]

在流行文化史上，沒有人激發的熱情、狂喜與幻想能與貓王（Elvis Presley）相提並論。有無數個他從未見過的女人都確信自己已經嫁給他了。有幾個人認為她們生了他的孩子。一位名叫貝絲·卡彭特（Bess Carpenter）的女士從十四歲起就一直是貓王的粉絲，她相信當她的兒子出生時，貓王就在現場：

> 醫師與護理師都圍在我身邊，穿著白色的長袍，看著

我。就在他們之間，貓王出現了。他微笑著，朝我眨了
眨眼。他說：「貝絲，放鬆，沒事的。我會陪著你。」
那看起來就是他……然後，當嬰兒出生時，是他說的：
「是個男孩！」對貓王的粉絲而言，沒有什麼比聽到貓
王親口告知自己有個新生兒更令人興奮的了。[15]

值得注意的是，貓王的威力在他去世後幾乎未曾減弱。世
界各地仍有近四百個活躍的貓王粉絲俱樂部，會員合計超過170
萬人。[16]他持續吸引著來自不同年齡層與不同文化背景的粉絲，
組成史上最多元的粉絲圈。要衡量他歷久不衰的吸引力，其中一
項指標是「以模仿他維生的人數」，估計全球有五萬人。[17]2022
年，又有一部傳記電影《貓王艾維斯》（Elvis）上映，由巴茲·
魯曼（Baz Luhrmann）執導。貓王去世已將近五十年，但我們似
乎還捨不得讓他離開。

儘管有多次的貓王目擊報告，但我還是無法找到貓王本
人接受採訪，於是我只能退而求其次，找到班·湯普森（Ben
Thompson），他是最受讚譽的貓王致敬藝術家之一。[18]2018
年，他在曼菲斯（Memphis）舉辦的終極貓王致敬藝術家大賽
（Ultimate Elvis Tribute Artist Contest）奪冠，這項殊榮堪比葛萊
美獎。與班初遇時，他感覺不大像是能成為貓王。他來自倫敦南
部的克羅伊登（Croydon），在貓王去世後將近二十年才出生。

在舞臺下，他樸實無華，非常和藹可親，沒有一絲炫耀的意味。在舞臺上，他徹底改頭換面，模仿貓王唯妙唯肖。他不只與貓王相像，更讓貓王**實體化**。透過聲音、動作、小習慣、如珠妙語以及一條連身褲，他就讓偶像重新活了過來。

來看班表演的人都知道他不是貓王，但他們想要相信他就是貓王，而班會盡其所能讓他們盡興。他說：「在你拿到麥克風的那一刻，表演的勝負就已經決定了。」對一位致敬表演者而言，光是歌聲與貓王相像是不夠的；還必須在服裝、舉止和動作上都幾可亂真。「我在試著幫助觀眾喚回那個片刻，想像那會是什麼樣子。我覺得，他們把這當作一次機會，能看到他們當年無法親臨，但現在渴望能看到的東西。」和貓王一樣，班也需要粉絲，程度不亞於粉絲需要他。「他們的角色非常重大。我為他們帶來表演，而我也期望他們給我表演。這是一半一半的關係。他們愈是充滿活力，在每個動作發出的尖叫聲愈大，我就會得到愈多的動力。就這樣形成一個和諧的迴圈。」這聽起來簡直像是貓王本人在說話，只不過是用倫敦南部的口音。[19]

模仿是一種威力十足的手段，既能喚回對已逝明星的記憶，也能讓已解散的樂團重啟生機。

2019年8月，我與數千名粉絲一起參加在利物浦的阿

德菲飯店（Adelphi Hotel）舉辦的年度披頭四大會（Beatles Convention），該活動第一次舉行是在1977年。在這場長達一星期的披頭四慶典上，一切都與預料中一模一樣，是懷舊、冷知識以及歡樂的混合體。有許多並不令人意外的商品，都是些披頭四狂熱（Beatlemania）的珍寶：舊的演唱會門票、廣告海報、古董留聲機唱片、一輛「黃色潛水艇」（Yellow Submarine）的玩具巴士、約翰（John）、保羅（Paul）、喬治（George）和林哥（Ringo）的充氣式玩偶、親筆簽名（花6000英鎊能買下全部四個人的）還有「唯一正版的披頭四假髮」（一小撮要價170英鎊）。與此同時，在偌大的宴會廳裡，一連串與披頭四的過去相關的人物——包括早期的經理、錄音室樂手、林哥的製作人之一等等——正對著一群滿懷敬意的聽眾滔滔不絕，講述著他們可能早已聽過的故事。許多粉絲都是多年常客：我遇到一位四十九歲的利物浦人賽門・諾伯（Simon Noble），他從十二歲起便年年參加。「我從1981年有史以來的第二次大會就在了，然後聚會的規模一年比一年更壯大。感覺粉絲基數就在成長。看看這裡所有的年輕人。」

紀念品攤位和專業人士的故事大會都有大批人潮參與，但事實證明，兩者都只是附帶的節目。吸引力最大的，每個人都必看的，是致敬演出。要在披頭四大會上的致敬演出佔有一席之地絕非易事。競爭對手來自世界各地：2019年的陣容包括來

自墨西哥、芬蘭、瑞典、西班牙、加拿大、阿根廷、巴西、塞爾維亞、哥倫比亞、挪威、義大利、匈牙利和瓜地馬拉的樂團。有支印尼的五人樂隊穿著紅、藍、金色的《比伯軍曹》（*Sergeant Pepper*）風格外套；還有一組來自日本的全女子團體，抹著紅色唇膏，頂著一模一樣的披頭四髮型。他們都令人不由自主著迷。許多表演者以模仿披頭四維生，即使在披頭四解散前，他們之中沒有一個人已經出生。

身為致敬樂團，無法藉由標新立異贏得喝采。最受歡迎的樂團看上去和聽起來都與披頭四一模一樣，讓觀眾得以想像自己看到的是本尊。當我抵達表演廳時，一組名為「披頭四集會」（The Beatles Sessions）的荷蘭團體正充滿活力地演唱〈便士巷〉（Penny Lane）。他們的表演十足忠於原版，也同樣洋溢著披頭四年少時的樂觀主義。聽眾似乎置身狂歡與憂鬱之間，如同念及一段不願放手的快樂回憶。我在場地外面訪問一對來自蘇格蘭格拉斯哥（Glasgow）的夫婦，他們姓馬登（Madden），名叫比利（Billy）與珊德拉（Sandra）。我詢問，這些音樂對他們的意義是什麼。他們回答，他們成長於1960年代，披頭四的音樂就是他們的青春主題曲。這些歌曲有如記憶標記，能夠一一對應他們遇到的人事物。他們未曾有緣親臨披頭四的現場演出，但這是他們參加的第二十一場大會。另一位粉絲珍・布洛克蘭（Jane Blokland）則告訴我，這是她參加的第二十六場。自從在1994年

第一次參加以後，她就年年報到，從不缺席。珍穿著一件長及大腿的紮染背心，上面印有披頭四圖案，很顯然，即使這個樂團已經退隱江湖五十年，她對他們的熱愛也未曾減退。她將大會稱為「大團圓」，她每年都會在這裡見到同樣的人，然後在接下來的幾個月裡，當她去觀賞致敬演唱會時，又會再次看到他們。

「披頭四集會」的表演甚是轟動，無論是在前排舞動的青少年，還是在後方憶當年的老人家，都同樣喜歡他們的演出。這個樂團的主唱名叫馬戴斯・克藍（Matthijs Klein），今年二十二歲，他似乎對於所獲得的關注相當困惑。「通常不會有人跟我們要簽名，或是想和我們合照，」他說：「我們只是無名小卒。」當然，此地每個人都心知肚明，這話並非屬實。當「披頭四集會」穿著深色西裝和領帶，在舞臺上演唱〈你需要的就是愛〉（All You Need Is Love）時，整個房間都在跟著高唱。他們是誰，已然無庸置疑。而且他們顯然不是荷蘭人。[20]

對披頭四的崇拜於1960年代早期逐漸成形，他們所掀起的狂潮前所未有。創造「披頭四狂熱」（Beatlemania）一詞的記者唐・肖特（Don Short）表示[21]，早在披頭四尚未廣為人知的時候，他們在利物浦洞穴俱樂部（Cavern Club）的演唱場面就已經「相當瘋狂」。情況很快便愈演愈烈。肖特是在1963年切爾滕

納姆（Cheltenham）的一場音樂會之後發明出「披頭四狂熱」這個詞的，當時披頭四正進行他們的第一次巡迴演出。他回憶道：「粉絲發出的喧鬧聲能夠如此猛烈，眞是令人難以置信。他們尖叫、嘶吼，揮舞著雙手，全都離開了座位。披頭四不喜歡循規蹈矩，而粉絲們相當青睞這點。許多人認爲報紙造就了披頭四，但那是無稽之談——是粉絲造就了披頭四。」[22]

在1960年代時，大多數披頭四的粉絲都是青少女。她們經常因爲狂放的熱情而遭到譏笑，尤其是嘲弄她們習慣在演唱會時尖叫。從1963年披頭四開始公開演出，一直到1966年8月29日在舊金山燭臺公園（Candlestick Park）的告別演唱會，每一次，尖叫聲都不絕於耳，許多時候，他們根本無法聽到自己的演奏。記者指責這些粉絲非常無知，她們的行爲是一種災難。1964年，保羅・約翰遜（Paul Johnson）在《新政治家》（*New Statesman*）上憤慨表示：「那些湧向披頭四身邊的人，那些尖叫得歇斯底里的人，是他們那一代中最不幸的，他們愚笨、懶惰又失敗。他們不但存在，而且數量如此之多……這是對我們教育系統最沉痛的指控，意味著，即使花上十年培養孩子，他們甚至還是目不識丁。」[23]

事後觀之，這些年輕粉絲的行爲有另一種解讀方式：這是第一場幾乎完全由年輕女性所掀起的革命。一項針對披頭四狂熱的性別分析稱之爲「一場對抗成人世界的狂歡」，展現出1960年

代初期青少女想打破性壓迫的嘗試，也衝撞父母對於她們在婚前應保持純樸貞潔的期望。「當尖叫聲將音樂淹沒，就像老樣子，那麼表演的就不是樂團，而是粉絲。」[24]根據這項研究，披頭四的年輕女性粉絲們不僅喜歡他們的音樂，還喜歡背後所代表的自由、獨立、嬉鬧與叛逆。

半個世紀後，1世代的青少年粉絲也遭到同樣的嘲笑和侮辱。如同披頭四的樂迷，1世代粉絲以不受拘束的熱情聞名，也酷愛尖叫，他們誇張造作的行為一如1960年代時惹惱了評論家。2015年，男性雜誌《GQ》如此形容1世代的演唱會觀眾：「人海裡有20,000張敞開的嘴，數百雙企盼的發亮眼神，40,000隻舉向天空的手，像是一片從偶像的舞台底座外洩的暗粉色石油，一邊嘶吼一邊嚎叫，隨著偶像每一個挑逗的熱舞動作而起伏。」[25]文章作者是一名三十四歲的男子，他承認他在演唱會中途便離席，抱怨著他所謂的「由整整一個世代剛成年的青少女所發出的刺耳音爆」。他犯了一項常見的民族誌錯誤，即試圖以局外人的思維判斷一個內團體的準則。對於不了解某個文化的人而言，第一個衝動往往是對其發怒。

尖叫是一種集體行為，也是情感行為，是一種顛覆既定秩序的部族儀式。它帶有強烈的歸屬感：沒有人會獨自尖叫。切斯特大學（University of Chester）研究流行音樂粉絲圈的馬克‧杜菲特（Mark Duffett）認為，這是一種政治自由的表達：「尖叫的

女性粉絲不僅擁有她們的偶像，也擁有在情感上表達那種所有權感的集體權利。」[26]當下的感受或許不太是這樣。凱特琳·蒂凡尼（Kaitlyn Tiffany）撰寫了一本關於1世代粉絲圈的書《我從你身上得到所需的一切》（*Everything I Need I Get From You*），書中反思她自己為什麼會在1世代的演唱會上尖叫，以及這種「刺耳又喧鬧」的經驗是否代表著什麼。她最終想通：「我們知道自己的生活與幻想不一樣，但在演唱會的當下，現實就是幻想成真。當我們放聲尖叫時，我們都知道這個片刻會結束。」[27]

如果評論家無法明白，明星本身倒是時常了解透徹。保羅·麥卡尼曾經指出，十幾歲的披頭四粉絲在表達自己的方式上與足球迷並沒有太大的不同：「如果你去看一場盛大的足球比賽，比如英格蘭足總盃決賽，就會看到所有的男人都在大叫：『啊啊啊啊啊啊！』這與那些女孩是一樣的。」[28]而在2017年，1世代歌手哈利·史泰爾斯告訴《滾石》（*Rolling Stone*）雜誌的話語，使他更受到其青少女粉絲的喜愛：

誰能說喜歡流行音樂的年輕女孩就比三十歲潮男的音樂品味更差？畢竟流行音樂就是受大眾歡迎的音樂，對吧？這不是你說了算。音樂是不斷變化的東西，沒有像足球門柱那樣的固定目標。年輕女孩喜歡披頭四。你能說她們不是認真的嗎？你怎麼能說年輕女孩不懂？她們

是我們的未來。我們未來的醫生、律師、母親、首長，某方面上，她們讓世界持續運轉。青少女粉絲不會騙你。如果她們喜歡你，他們就會在**那裡**。[29]

───────────────

當見到名人時，欣喜若狂的反應極為常見。相比之下，病態的迷戀——心理學家稱為「強迫性消費」（compulsive consumption）——則相當罕見。不過，這類人還是獲得了不成比例的媒體關注，因為有些著魔的粉絲舉止實在太誇張，比如這位迷戀戴夫・加羅威（Dave Garroway）的女子。

加羅威是美國的電視節目主持人，也是美國國家廣播公司《今天》（*Today*）的第一代主持人。他有許多女性崇拜者，然而，沒有一個人的執念及得上某天出現在芝加哥的這名女子。加羅威就住在這座城市，而她在這裡的大型旅館訂了間房，並假裝自己是他的妻子。她以加羅威的名義開立好幾個信用帳戶，並在一個聯合銀行戶頭中存入一大筆錢。幾週後，她搭乘計程車前往加羅威下榻的飯店，並告知櫃台她即將入住。[30]

加羅威經常收到來信，寄信者通常以為，在他健談又親切的廣播中，加羅威是直接對著他們說話的。雖然他發現有些粉絲不好應付，但沒有人感覺上是不健康的。這位假妻子是個例外。她與這位主持人建立了一種違背客觀現實的擬社會關係。像這樣的

情況，往往不會有好結果——你很難讓一個出現妄想的人相信自己有問題——但最終，「戴夫·加羅威太太」還是被說服回家了。

令人驚訝的是，在粉絲圈中，精神疾病並沒有比較盛行。要與一個完全不知道自己是誰的人建立關係是非常艱難的，即使對那些能維持正常生活的人而言，也是如此。凱特琳·蒂凡尼說：「在某些重要的方面，這種關係也可以是很愉快、很真實的……但是，一直向某個不會回應的人說話，也可能會讓人覺得自己快瘋了。」她除了是1世代的粉絲，也一直公開表態自己對好萊塢演員傑克·葛倫霍（Jake Gyllenhaal）的喜愛。[31]有長達一年的時間，她每週都寫一份關於他的電子報。雖然她形容自己是「癡迷」的，但她善用自嘲和幽默的方式，這是她得以讓興趣保持健康的良策：

傑克·葛倫霍知道我在這個房間裡嗎？這個問題，我每天問自己大約40次。因為，我想我只是有點想假設，無論傑克·葛倫霍在哪裡，他都會努力弄清楚我在做什麼。[32]

當不快樂或憂鬱的粉絲將最喜愛的明星視為救世主，如同一位能夠救贖自己的彌賽亞時，事態就麻煩了。當然，這是個災難性的作法。明星無法履行這個角色，甚至可能根本不知道此人的

存在。在弗雷德‧維莫瑞與朱蒂‧維莫瑞所收集的1980年代粉絲材料中，收錄了一位名叫謝麗爾（Cheryl）的年輕女子在一個月內寫給創作歌手尼克‧海沃德（Nick Heyward）的十九封信。謝麗爾那時非常不快樂，而她迷上了海沃德，覺得他會是能扭轉局勢的人。以下是一些例子：

9月12日

親愛的尼克：

拜託你在23號和我見面，好不好？我真的需要和你談談。我不知道為什麼，但我覺得，你會比我周圍的任何人都更能明白我的意思。

9月22日

親愛的尼克：

話說，明天就是真相大白的日子了。你會來嗎？不知何故，我不這麼認為。但我還是抱著一點希望。

9月23日

親愛的尼克：

你沒有出現。我早就知道你不會來，但我還是感到心痛。只是，今天原本是讓我繼續前進的動力，期待著或許可以見到你。我找不到其他人幫我。[33]

在最後一封信寄出後不久，謝麗爾陷入嚴重的憂鬱症，並試圖自殺。七個月後，當維莫瑞夫婦的作品出版時，她已逐漸康復，不過顯然「仍然深愛著尼克」。[34]

雖然大多數名人都小心翼翼保護自己，不要受到那些過度偏激的粉絲影響，但是其中最執著的粉絲可能還是有一些非常刁鑽的要求。最近，微軟研究院（Microsoft Research）的傳播學者南西‧貝姆（Nancy Baym）採訪了數十位知名表演者，以研究音樂家與觀眾間的互動。[35]幾乎所有的受訪者，包括比利‧布拉格（Billy Bragg）、勞埃德‧科爾（Lloyd Cole）、搖滾樂團「投擲謬思」（Throwing Muses）的克莉絲汀‧赫許（Kristin Hersh）以及「怪人合唱團」（The Cure）的鍵盤手羅傑‧歐唐納（Roger O'Donnell），都告訴她，有一小部分的粉絲認為彼此的關係是雙向的，並將恭維誤認為友誼。這種虛假的親密可能會使人不安，讓表演者很難取得平衡。他們可以嘗試遠離那些對話過多或過於激烈的粉絲，但他們通常需要透過社群媒體帶來的熟悉感與觀眾維持親近，導致釋放的訊息變得混雜。粉絲喜歡參與偶像的私生活。在Instagram上追蹤亞莉安娜‧格蘭德（Ariana Grande），就可以看到她餵狗吃披薩，或是在家試穿衣服。凱蒂‧佩芮（Katy Perry）是推特上最多人關注的女性，她便以這種對粉絲開放的態度而聞名。在不久以前才有個典型的例子，她在一周內發布了十二篇推文，透露一些生活花絮，例如她對墨西

哥捲餅的熱愛、對櫻花綻放的喜悅以及對總統候選人的支持。[36]大多數粉絲都很享受這種親密感；但對於少數人而言，這可能會導致病態的執著。

　　健康和過度崇拜之間的界線在哪裡？幾十年來，研究人員一直在嘗試回答這個問題。大約二十年前，萊斯特大學（University of Leicester）的約翰・馬特比（John Maltby）和《北美心理學期刊》（*North American Journal of Psychology*）的林恩・麥卡琴（Lynn McCutcheon）率領一群心理學家開發了一份名人態度量表（Celebrity Attitude Scale）[37]，用於評估人們對名人的感受強度。粉絲大多可以分為三類：娛樂–社交（他們主要是為了有趣而追星）、強烈–個人（更認真的粉絲）以及邊緣–病態（因興趣而功能失調的人）。[38]回答完問卷上的三十四項問題後，便可決定一個人在這道光譜上的位置。例如，追求有趣的粉絲應該會對一些普通的陳述最為同意，諸如「我和朋友喜歡討論我喜愛的名人做了什麼」和「我喜歡觀看、閱讀或聆聽我喜愛的名人所做或所言，因為這意味著美好的時光」。而對明星有強烈個人依戀的人會在「我沉迷於我喜愛的名人的生活細節」和「我認為我喜愛的名人是我的靈魂伴侶」等項目得分很高。如果對以下任何一項感到認同，可能就是處於量表的最極端：「為了拯救我喜愛的名人一命，我很樂意赴死」、「如果我有幸遇到我喜愛的名人，而他／她要求我幫忙從事非法的活動，我很可能會答

應」和「如果我在沒有受邀的情況下由大門進入我喜愛的名人家裡，他/她會很高興看到我。」

邊緣–病態的粉絲通常有著嚴重受損的心理功能。包括馬特比和麥卡琴在內，許多研究人員都發現，這類粉絲不但是焦慮症、憂鬱症和強迫症的高風險群，而且他們的幻想傾向最終會使他們與現實脫節。[39]一旦他們進入那個「蟲洞」，就會越來越遠離光明，由於對這段幻想的關係成癮而憔悴不堪。[40]在某些情況下，他們的解離和癡迷會導致暴力行為。

1996年9月，一名二十一歲的烏拉圭裔美國男子里卡多·洛佩茲（Ricardo López）向歌手碧玉（Björk）寄送了一枚含有硫酸的郵包炸彈，想要讓她毀容或喪命。寄出包裹後，洛佩茲回到他在佛羅里達州好萊塢的公寓，自殺身亡。四天後，警方破門而入，發現他腐爛的屍體，還有一本日記和長達二十二小時的錄影帶。警方觀看錄影帶並得知他的計劃後，便聯繫倫敦蘇格蘭場（按：倫敦警務處總部別稱）的警探，他們成功在炸彈寄達碧玉的家以前將其攔截。

之後，心理學家路易·施萊辛格（Louis Schlesinger）分析洛佩茲的日記，試圖了解他何以做出如此絕望的行為，這個過程稱為心理屍檢（psychological autopsy）。施萊辛格發現，洛佩茲擁有一種與家人和朋友所知的截然不同的人格和心理狀態。洛佩茲在日記中形容，他深深感覺自己不夠格，稱自己是「一個從未

學會開車的失敗者……我無法尊重我自己……我從來沒有擁抱過女孩子，（也從來沒有）被女孩子愛過，甚至喜歡過……（我感到）徹底地孤單……有人說我聞起來像隻狗……沒有人能理解，我到底感覺多奇怪。」在803頁的篇幅中，他提到408次碧玉。他形容她「如此宛若天使，優雅又甜美」，並補充說：「我不能和她發生性關係，因爲我愛她。」他迫切希望「對她的生活產生影響」，並能對她有重要的意義。他甚至幻想回到1970年代中期，與她的家人成爲朋友，並參與她的成長過程。但當他發現碧玉與音樂家戈爾迪（Goldie）在交往時，他的態度就轉變了，他認爲這樣不同種族間的戀情是不可接受的。他寫道：「我浪費了八個月，她竟然他媽的有個情人。」他十分憤怒，覺得自己遭到背叛。十五個月後，他寄出炸彈。[41]

　　像洛佩茲這樣功能失調的粉絲，經常會對他們與偶像的關係或嚮往在偶像生命中能扮演的角色產生不可能成眞的幻想。除了妄想，他們還有另一個重要的方面與其他粉絲不同：他們往往社交孤立。粉絲圈本質上是社會性的，而且通常是愉快的社交活動，這能解釋其帶來的許多心理益處。成爲粉絲圈的一員，動機之一便是能夠與其他人一起從事活動，可能是去同一場演出，或是在社群媒體上一起讚賞藝人的新專輯。在量表的另一個極端，情況正好相反。病態的粉絲本質上是反社會的。他們獨來獨往，而孤立又使功能失調加劇，因爲沒有人能調劑他們的幻想或是緩

和他們的情緒。在里卡多‧洛佩茲去世前的兩年內，他愈來愈離群索居，他認識的人都沒有察覺他對碧玉的癡迷程度或心理的困擾狀態。埃里克‧斯瓦布利科（Eric Swarbrick）是騷擾泰勒絲的數十名跟蹤狂之一，他確信她在夢中與他搭上線，之後，他便開始嘗試聯繫這位歌手。在四年多的時間內，他向她發送超過四十封信件和電子郵件，其中部分包含死亡威脅，而有三次，他從德克薩斯州奧斯汀（Austin）的家開車將近一千五百公里，親自將信件送達。如果他有個朋友，可能就會說服他這樣的行為不妥，但他唯一的知己就是他腦中的聲音。

　　某些跟蹤狂粉絲的行為可能會對受害者造成毀滅性的後果。洛佩茲去世一年後，碧玉向《衛報》（*Guardian*）的記者琳賽‧貝克（Lindsay Baker）說：「對於有人去世，我非常難過。我整個星期都睡不著。如果我說，這天殺的沒把我嚇得半死，就是在說謊。我很害怕，我可能會受傷，而且最重要的是，我的兒子可能會受傷。」[42]創作歌手莉莉‧艾倫（Lily Allen）曾被一個男人糾纏七年，他有許多的妄想，包括她有一首歌是他寫的。他向她發送恐嚇信，並在社群媒體上大肆嘲弄她。然後，有天晚上，他闖入她的家，在臥室裡與她對峙。這名男子遭到逮捕，之後根據《精神健康法》（*Mental Health Act*）被無限期拘留，但艾倫依然很害怕萬一他獲釋可能會做出什麼。「這對我影響很大。」她在自傳中寫道：「它侵犯我心靈的每個領域，讓我感到恐懼而且

緊張兮兮。」[43]

　　即使沒有直接的威脅性，粉絲熱情的關注依然可能會讓藝人感到困窘。在1990年代末期，音樂報刊將英國樂團「同志老爹」（Gay Dad）吹捧為英國流行音樂的救世主，而使他們聲名大噪。他們擔綱好幾本雜誌的封面人物，甚至是第一個還未發行過唱片，就在英國廣播公司（BBC）的排行榜節目《流行音樂之巔》表演的團體。樂團主唱克里夫・瓊斯（Cliff Jones）表示，他們的經歷「就像一場海嘯。感覺這東西直撲而來，然後有兩三年的時間，我們的腳都碰不到地板。完全沒辦法做好準備。」他與粉絲的互動大致上是正向的，但有些時候，某些粉絲感覺特別怪異。他記得，有個粉絲在每次演出後都會送他一個大蛋糕，而另一個粉絲則經常設法溜到後臺，堅持用姓氏稱呼他，並拒絕眼神接觸。1999年，瓊斯在日本巡演結束後回到倫敦，他進入公寓，發現有兩名女性粉絲闖入，拍下她們自己的拍立得照片，然後將之留在他的床上。他收到大量的同人小說，內容涵蓋各種幻想情境，有些是性方面的，有些是他和樂團成員扮演超級英雄。「那感覺有點太奇怪了。」他說。

　　如今，除了歌曲創作及音樂製作以外，瓊斯還在巴斯泉大學研究與授課，主題是社會理論，包括粉絲行為。這一角色幫助他

反思在「同志老爹」的經歷，以及更廣泛而言，藝人與觀眾之間的關係。他表示，對於藝人重要的是，要意識到他們永遠無法控制自己的公眾形象，因為這很大部分並非立基於他們自己是誰，而是粉絲希望從他們身上獲得什麼。「身為表演者，你必須接受，別人對你的看法和你對自己的看法同等有效。你提供了一種社會功能：你成為一些價值觀或想法的代表，而這些想法是別人以團體的身分可能想要分享或實現的。當藝人認真以待，並反駁說，不，我不是那種人，就會對藝人造成傷害。給予粉絲一些他們所需要的比較容易，因為到了某些時候，你必須承認自己也共謀其中。我以前沒有真正了解這點，直到後來才明白，都已經太遲了。」

有些藝人會以「心靈吸血鬼」（psychic vampire）這個詞稱呼最固執的粉絲，指涉他們傾向無情地以任何認為自己所需的事物為食。2000年代末期，我和一位歌手一同在樂團裡演奏，她特別容易吸引心靈吸血鬼。她的藝名是Lizzyspit，本身也是一名獨唱歌手。在我們的每一場演出中，她都會指出觀眾裡有好幾個每次她表演時都會到場的人。我們多半在沒沒無聞又偏僻的倫敦俱樂部演出，她一直很好奇這些粉絲是如何找到她的。他們通常是中年男子，在一小撮的人群中獨自站著，盯著她瞧。她似乎不太因他們而困擾，但他們絕對讓我毛骨悚然。

Lizzyspit後來成為Google+上最受歡迎的獨唱藝人之一，這

是一個在2011年至2019年間營運的社群網路。2011年初，她搬到西澳州的一個小鎮，由於缺乏當地觀眾，她透過Google+的影音平台Hangouts為朋友們舉辦一場線上演出。她的朋友分享給自己的朋友，這些朋友又再分享給**朋友的朋友**，幾天之後，Lizzyspit就有了4,000名追蹤者。在接下來的一個月內，這個數字成長到16,000；一年後，接近一百萬。Google留意到正發生的事，並開始將她宣傳為他們的全球影響力人物之一。截至2013年底，她在該平台上擁有近三百萬名追蹤者，在YouTube、Facebook和推特上還有約10,000名粉絲。但伴隨知名度而來的，是相當巨大的代價。

每當Lizzyspit在網路上張貼內容，都會收到數百則評論。雖然有些人不懷好意，但大多數評論都是正面與支持的。她有一群自稱為Spits的超級粉絲，其中至少有兩個人手臂上的刺青是她的樂曲歌詞。有一些粉絲幾乎鐵定在馬特比和麥卡琴的名人態度量表上符合邊緣–病態類別。他們要求她特別關照自己，而若無法達到，就為之動怒。「我很感激，但也像是他們擁有著我。」她告訴我：「如果我不給出些什麼，他們就會指責我。有段時間，我的父親剛過世，而我後來有六個星期沒有上線。我回到網路上，試著道歉，第一則評論是『你覺得你自己比我們都高出一等，所以甚至懶得跟我們分享你的生活近況。』我就是在那時候想：『我的天啊，現在到底是什麼狀況？』」

最糟糕的攻擊來自一小部分的男性粉絲，當她試圖稍微遠離線上對話時，他們十分憤怒。肖蒂獎（Shorty Awards）是表彰社群媒體上短片創作者的獎項，而這些氣惱的粉絲發起一項活動，鼓吹人們在這個獎項中對她投下反對票。他們還建立網頁，討論可以如何殺死她，其中一人甚至聯繫她的母親以發洩仇恨。她收到許多死亡和強姦威脅，以及大量男性生殖器的照片。有人向她發送一張她自己後腦勺的照片，上面寫著：「我今天就在你後面。我沒有打招呼，但我在那裡。」有些人罵她是妓女，或是指控她靠著陪睡才爬到今天的地位，次數多到她自己都數不清。

Lizzyspit的歌曲十分真摯，也能引發共鳴。所有粉絲都渴望真實性，而這就是他們從她身上能得到的。她給人的印象是，她允許你接近她的靈魂，這讓她同時容易受到喜愛和批判。與當今大多數在社群媒體有影響力的人不同，她沒有企業盾牌能在不知節制的粉絲圈中保護她，心靈吸血鬼可以隨心所欲享用盛宴。社群媒體發展至今，明星與粉絲能夠以前所未有的方式互動。人們付出更多，也期望得到更多回報。Lizzyspit的線上粉絲讓她成為明星。這是合理的回報嗎？

最終她決定了，這不合理。「這讓我很焦慮，也讓我很沮喪。」她說：「絕大多數粉絲都很友善也很正常，但就是有一群怪人，也許兩百個左右，既扭曲又精神病態。我陷入了一種需要取悅別人的想法。我記得，當我沒有Wi-Fi可以發佈些什麼的時

候，我陷入了恐慌。最後我沒辦法處理，我無法忍受發生在我身上的事情。」

2016年，Lizzyspit的母親去世，她再次暫時離開社群媒體。當她重新登入時，她發現一名粉絲傳來的訊息，這名粉絲的狗顯然對她的歌曲很著迷。這名女士傳送了一些狗的照片和影片，而當Lizzyspit沒有回覆時，她指責她冷酷無情，不關心成就了她的人。隔天，2016年12月16日，Lizzyspit關閉她所有的社群媒體帳號，並刪除部落格。「我決定，我再也不要做下去了。我刪除了所有的追蹤者。我刪除了一切。這就是我線上音樂生活的結局。」

儘管這個決定對她的音樂生涯有著負面影響，她從未後悔——當粉絲對她的依賴變得病態時，這是她唯一能保護自己的方法。「我覺得，只要他們能以任何方式接觸到我，我就永遠不會真正擺脫他們。」她仍然生活在微小的恐懼中，擔心他們會找到她。最近，有個粉絲查看了她的LinkedIn檔案，上面是她的真名。「我差點恐慌發作。」她說：「我非常害怕。我知道他們是誰。我知道他們還在外面。」[44]

除了病態依賴之外，名人粉絲圈與其他粉絲圈還有很多共同點，特別是在團體動態和集體心理方面。然而，每一個粉絲圈都

以獨特的方式與外界連接。接下來的兩章將探討兩個在文化地景中位置相當不同的粉絲圈。其中之一可以追溯到兩百年前，現在有上百萬人公開慶祝。另一個則相對較晚近，成員約有數百位，對於那些不知曉其存在的人而言，幾乎是隱形的。

5 關於珍的事
Something about Jane

一般情況下，走在英國小鎮的街道上時，如果戴著舊式女用布帽（bonnet），穿著連身的長禮服，可能會引來別人大笑、嘲弄，甚至扔枚雞蛋過來。但如果這個小鎮是攝政時期風格的重鎮巴斯（Bath），並且身邊還有五百個穿著類似服裝的人結伴同行，那麼，除了要擔心可能踩到前面那位的衣服下襬以外，就沒什麼好害怕的了。

在巴斯，每年九月會舉行「攝政盛裝漫步」（Grand Regency Costumed Promenade），為珍・奧斯汀節（Jane Austen Festival）揭開序幕。珍・奧斯汀曾在巴斯居住六年，她有兩部小說的背景設定在此，[1]儘管（偷偷告訴你）她沒有非常喜歡這個地方：

> 跟倫敦比起來，巴斯很單調，所有人每年都有這個體會。「我同意，在巴斯待六個星期很愉快，但是過了之後，這裡是世上最無趣的地方。」什麼樣的人都會這麼告訴你。（亨利・提爾尼對凱瑟琳・莫蘭，出自《諾桑覺寺》[2]

我在2019年參與慶祝活動，雖然，必須慚愧地說，我沒有穿上攝政時期的服裝。對於珍‧奧斯汀對此地的鄙視，參與漫步的人要不是沒意識到，就是並不在意。他們愉快地在莊嚴的街道上緩步而行，隊伍最前方有一位傳令官、一支舞團，還有一隊穿著紅衣的步兵。我在現場對參加者提出一些問題，想了解他們究竟是怎麼在人生中走到這一步的。

　　許多參加者都是自己製作服裝，或請親朋好友協助製作。成果無懈可擊，而他們參與活動的主要目的就是細細審視其他每一位參加者的裝扮考據程度與手工藝。黛比‧威卡（Debbie Willcox）來自沃辛（Worthing），她的心得如下：「競爭好激烈。每個人都在看別人的服裝，然後心想：『這是花錢請人家做的嗎？還是自己做的？』」她身穿喬治王朝（Georgian）的衣著，與哥哥、媽媽、兒子和女兒一同參與漫步。[3]她替家人如此盛裝打扮已經有三十年。最近，藉由Instagram的動態推薦，她發現一個角色扮演者的團體，稱為「珍奧斯汀鳳梨欣賞協會」（Jane Austen Pineapple Appreciation Society），並從中獲得不少新靈感。在那天結束之前，我還聽說了非常多關於這協會的消息。

　　每當巴斯的年度漫步登場，城裡擠得水洩不通，充滿長裙、女用布帽、披巾、燕尾服、西裝背心、領帶、禮帽、扇子、手杖、馬褲以及陽傘。我認出好幾位眼熟的人物，出自珍‧奧斯汀的人生或小說，包括《傲慢與偏見》（*Pride and Prejudice*）那

位自大的男主角達西先生（Mr Darcy），他愛鬥嘴的妻子伊莉莎白‧班奈特（Elizabeth Bennet），還有《理性與感性》（*Sense and Sensibility*）的達希伍德（Dashwood）姊妹。在市政廳外，我遇到柯林斯先生（Mr Collins），《傲慢與偏見》中那位諂諛的神職人員，他戴著教會領帶與黑色禮帽，十分顯眼。他的另一個身分是來自俄勒岡州的喬納森‧英柏（Jonathan Engberg），他與妻子和兩位年幼的女兒旅行八千公里，就為了這場節慶。他們遊行時扮演柯林斯一家，雖然女兒們透露，她們更想要扮演《愛瑪》（*Emma*）一書中的愛瑪‧伍德豪斯（Emma Woodhouse）和她的家庭教師泰勒小姐（Miss Taylor）。「珍‧奧斯汀對人性的觀察可謂真知灼見。」喬納森說：「無論身處何方，都能找到她筆下的角色。」在我們繼續緩步前行時，有個旁觀者出聲叫喊：「神父，請賜我祝福！」他十分盡責地應允了。

人們與珍‧奧斯汀結緣的方式各式各樣。許多參加漫步的人都沒有讀過她的書。不少人是從影視改編認識她的小說，特別是BBC大受歡迎的1995年版《傲慢與偏見》——其中有一幕是（完全捏造的）柯林‧佛斯（Colin Firth）穿著濕襯衫的場景，一夜之間就使粉絲圈的規模翻倍。從精心打扮的人群中並不容易一眼分辨出真正鍾愛珍‧奧斯汀的粉絲，也就是自稱「珍迷」（Janeites）的那群人，[4]但只要遇到了，就會曉得。他們對珍‧奧斯汀的著迷深入骨髓。

珍奧斯汀鳳梨欣賞協會代表著珍迷的一種現代分支。從Instagram動態中，可以看到他們或獨自、或成群，穿著攝政時期的華美衣飾從事休閒活動：在森林中採集、在玫瑰園裡賞花、在露臺上啜飲茶水或是在湖畔眺望遠方。有時照片還會附上幾句珍‧奧斯汀的名言錦句，比如「一點點無傷大雅的調情總是有的。」（出自《諾桑覺寺》）或是「好朋友永遠值得追求。」（出自《勸服》）我在市政廳內的漫步者市集（Promenader's Fayre）找到了他們，其中一位正在舉辦簽書會（當然，是關於珍‧奧斯汀的書）。不少人對那本書感興趣，我很難湊近一瞧。幾個月之後，我就會變得相當了解其中幾位，但現在，似乎最好還是讓他們把注意力留在自己的粉絲身上。

珍‧奧斯汀在1817年因狼瘡而病逝，享年四十一歲。[5]在她去世兩百多年後的今日，她是英語小說家之中最著名也最廣受喜愛的一位。但當她在世時，她相對沒沒無聞。這一直持續到1869年，她的姪子詹姆斯‧愛德華‧奧斯汀–李（James Edward Austen-Leigh）出版《珍‧奧斯汀回憶錄》（*A Memoir of Jane Austen*），也就是他「親愛的珍阿姨」的傳記，才讓她更廣為人知。[6]突然之間，每個人都想了解這位擁有「多產的腦力」和「迅速得非比尋常的荒謬感」的業餘作家。[7]幾年後，出版商勞

特利奇（George Routledge and Sons）為大眾市場重新將她的小說以合理的價格出版。文學評論家早已開始對她認真以待，但並非全都對她攀升的人氣感到自在。萊斯利·史蒂芬（Leslie Stephen）是維吉尼亞·吳爾芙（Virginia Woolf）和凡妮莎·貝爾（Vanessa Bell）的父親，有鑑於珍·奧斯汀的熱情粉絲在為她的文學價值辯護時所展現的激情，他譴責他所謂的「奧斯汀狂熱」（Austenolatry）「也許是在文學教條中最偏狹又武斷的一種」。[8]

在過去，珍·奧斯汀的粉絲圈組成與現今有些不同——更多男性、更加菁英主義——但自從1870年代以來，就從未真正消減。旅行作家兼知識份子雷金納德·法雷爾（Reginald Farrer）曾寫過一篇廣獲轉載的文章，紀念她逝世一百週年，內文形容追隨她的現象為「如信仰般熾熱的崇拜」。他接著寫道：「在淹水的壕溝裡，在寒冷的山洞中，在生病時和康復時，在沉悶、苦難和疲勞中，愈來愈多的膜拜者為尋求慰藉與陪伴，瘋狂地飛往」她小說中的鄉間別墅和社會。[9]

法雷爾的「壕溝」指的是珍·奧斯汀一群最不可能的粉絲：第一次世界大戰時的英國士兵。他們閱讀她的小說，回憶英格蘭的風貌，提醒自己正為之而戰。魯德亞德·吉卜林（Rudyard Kipling）在兒子約翰（John）戰死後，藉由向家人朗讀珍·奧斯汀而獲得慰藉。他的短篇小說《珍迷們》（*The Janeites*）於

1924年出版，描述在西方戰線的英國士兵之間的祕密結社，他們彼此交換她的小說引文，以讓自己能夠抽離籠罩在四周的恐懼。[10]法雷爾文中形容，珍‧奧斯汀將人性的普世真理投射到特定角色上的能力「只有莎翁足堪比擬」，而這顯然正是讓她能夠廣受各種族群喜愛的原因──從文評家到士兵，從女性主義理論家到攝政風格扮裝者。她的小說在高雅文化與大眾文化中都舉足輕重。

現代的珍‧奧斯汀粉絲有無數種方法來表達他們的熱愛。他們可以加入自己國家的珍‧奧斯汀協會（似乎大多數的國家都有）或參與線上論壇彭伯利共和國（Republic of Pemberley）的討論串（主題範例：「在《勸服》裡，溫沃斯寫給安的信是不是有史以來最浪漫的一段文字？」）。他們可以閱讀其他珍迷的部落格，或自己建立一個。他們可以穿上印有她的書中引文的T恤，或是參加一場關於《曼斯菲爾德莊園》（*Mansfield Park*）中諷刺之運用的研討會。或者，他們可以一頭栽進珍‧奧斯汀同人小說的多重平行宇宙之中。

2020年12月，我和231位珍迷一起參加由珍奧斯汀故居博物館（Jane Austen's House Museum）在漢普郡（Hampshire）查頓（Chawton）舉辦的虛擬茶會，慶祝這位作者的245歲生日。粉絲們涵蓋各個年齡層，從巴西、菲律賓、澳洲、日本、義大利、比利時、克羅埃西亞、捷克、瑞典、法國、德國、荷蘭、愛爾

蘭、加拿大、美國和英國各地連線。在這231人中，我只算到五個男性（包括我自己）和一個有色人種。大多數參加者都坐在起居室裡，拿著瓷杯啜飲。許多人戴著女用布帽（有一場「最佳帽子」的比賽）。有一對母女穿著全套的攝政時期服裝。有位來自漢普郡的女士全程都在編織。

這個場合充滿著古雅的喜悅。在我們喝茶時，主辦方端出許多節目，包括教導大家如何製作香料橘酒（一種攝政時期的酒類），朗誦一段《傲慢與偏見》，以及介紹攝政時期人民在冬季的衣著。接著大家一起唱生日快樂歌，聽上去不盡和諧但十足歡樂。派對的最後是一場測驗，讓大家有機會炫耀自己的珍迷資歷。「有多少部珍・奧斯汀的小說在她生前出版？（四部）」「她寫書時幫《傲慢與偏見》下的標題是什麼？（《第一印象》〔First Impressions〕）」「她跟誰只訂婚了一晚？（哈里斯・畢格-威瑟〔Harris Bigg-Wither〕）？」每個問題都在幾秒內就有人回答。

最終，我們一起揮手，並齊聲說著「珍，我們愛你！」，這聲問候展現出珍迷與其他喜愛虛構世界的粉絲圈不同之處。珍迷喜愛她筆下的人物、小說和劇情發生的場景，但他們還對她本人懷有特別的情感。他們對待她就像朋友一樣，帶著輕鬆的熟稔：他們用名字稱呼她，而非姓氏。在二十世紀初，珍・奧斯汀的粉絲被稱為「奧斯汀派」（Austenites），但這個詞從未真正流行

過。聽起來太正式了。一定要是「珍」才行。

　　珍奧斯汀鳳梨欣賞協會（JAPAS）在珍迷團體中相當不尋常：這個粉絲圈的年齡層偏向中年，但JAPAS的成員都約莫二、三十歲。創始成員們過往接連在巴斯的慶典上相遇，到了2015年9月，他們決定一年一次實在不夠，便舉辦自己的聚會。第一次聚會是一場長達一週的居家派對，就是每一部珍·奧斯汀的小說裡都會出現的那種類型：喝著茶飲、穿著洋裝、玩著遊戲。之後，居家派對便成為一年一度的活動，除此之外還有許多其他珍·奧斯汀相關的聚會，通常在三月到九月之間舉辦，包括野餐、音樂晚會、攝政舞會、英國國民信託參訪。JAPAS約有二十名活躍成員。他們對於符合史實的程度不太介意，而且都樂於將珍·奧斯汀與其他的興趣相結合：他們曾經舉辦過攝政時期與《哈利波特》的混搭主題日，也有過融合迪士尼風格的攝政舞會。他們懷著歡樂的心情頌揚珍·奧斯汀，並相當確信珍會認可他們的行為。如果你正在疑惑的話，鳳梨是攝政時期的地位象徵，位階最高的家族皆會品鑑鳳梨。（因為鳳梨是從加勒比海進口的，所以也代表著英國壓迫殖民地的歷史。自2020年12月以來，JAPAS就一直在社群媒體動態上持續對話，談論鳳梨的運用以及十九世紀初的白人財富起源。）

JAPAS的主辦人，也是最常露面的大使，是二十六歲的蘇菲·安德魯（Sophie Andrews），她自稱爲「珍·奧斯汀專家與信徒」。蘇菲開始閱讀珍·奧斯汀時是十六歲，正經歷人生中一段困難的時期。她的姐姐和父親都身患重病，她自己的身體狀況也不好。她在學校也很難融入同儕，因爲她不像其他人對於喝酒、夜生活、化妝品和男孩子有那麼大的興趣。英文老師鼓勵她閱讀《傲慢與偏見》，從此她便深陷於珍·奧斯汀的文采與那優雅的世界中。她又讀了其他幾部小說，愈陷愈深。「珍·奧斯汀變成了我逃離現實的窗口。」她說：「我讓自己完全沉浸在她的故事中。這些故事都讓我很開心，因爲好人會有好報。就像珍她自己說的：『罪惡與不幸，就交給其他作家描寫吧！』與我現實生活中的情況相比，我發現這裡是讓我感到舒適和安全的地方。」

　　蘇菲開始對《傲慢與偏見》中那位富有主見的女主角伊莉莎白·班奈特產生認同（她現在擁有這部小說超過一百種不同的版本）。她欣賞莉琪（Lizzie，伊莉莎白的小名）不守規矩、堅決表達內心的想法、拒絕爲地位或常規所威嚇，還有習慣不顧母親反對在泥濘的小徑上獨自散步。「這些都是令人欽佩的特質，即使放到現在也一樣。現代的同儕壓力太大了：這是你該有的樣子，你應該要這樣做。很難不隨波逐流。莉琪永遠不會讓別人告訴她要做什麼。」蘇菲在十六歲時開設了一個部落格，名爲「與

莉琪同歡笑」（Laughing with Lizzie），她在上面「傳播珍・奧斯汀的機敏與智慧」；在社群媒體上，她有三萬名追蹤者。[11]她的新書《再珍一點》（*Be More Jane*）探討珍・奧斯汀的小說與信件能夠如何協助二十一世紀的我們度過難關，內容包括自我相信的課程、女性的社會角色以及如何避開損友。她說，時代變了，但我們依舊面臨相同的問題。[12]

蘇菲與莉琪・班奈特的連結正是在大眾文化其他領域中典型的擬社會關係。認同虛構角色讓粉絲得以探索自己欣賞的價值觀，並向永遠不會令人失望的榜樣學習。身為JAPAS的成員，蘇菲也找到另一項所有粉絲圈共通的特性：因成為一個緊密團體的一份子而感到安心。在蘇菲剛開始閱讀珍・奧斯汀時，她覺得自己是唯一的粉絲。當她在網路上發現這位作者是如此廣受愛戴，她感覺如獲天啟。她說，「知道有其他人和我一樣，而我可以和他們無窮無盡地討論珍・奧斯汀也不會令他們煩倦，這實在讓我有種解脫的感覺。」她開始參加活動，並當面與其他粉絲相見，這最終促成了JAPAS的成立。她稱這群人為「鳳梨們」，如今是她友誼的核心團體，「和他們一起，就可以做自己，不用擔心被批判」──更不用說能夠戴上舊式的女用布帽而無需解釋原因。

蘇菲這段苦難、孤獨與救贖的故事在珍迷之間出奇地普遍。許多遭逢逆境的人都藉由珍・奧斯汀找到避難所，包括那些在西方戰線被瘋狂轟炸的士兵以及J.K.羅琳，後者曾表示，

在某段憂鬱的時期，自己正是從她的小說中得到安慰。蘇菲有一位朋友，也是「鳳梨」之一，名叫艾米·庫姆斯（Amy Coombes），在社群媒體上的名稱是「為達希伍德小姐穿衣」（DressingMissDashwood）。她曾長期為心理疾患所苦，直到偶然間發現了JAPAS。「我逐漸回到更好的狀況，在這段旅程中，這個團體一直是如此重大的一部分。」艾米說：「找到和我年齡相仿，而且對珍·奧斯汀、時代劇和美麗的裙子徹底著迷的人，就像是，『我的天哪，我終於找到我的夥伴了。』」

這就是珍·奧斯汀粉絲文化的特別之處。在參與以前，可能甚至並不曉得這個社群存在，然而一旦踏入其中，就足以改變一生。

珍·奧斯汀的小說描寫的是在英國社會中僅佔非常低比例的階層，不過，不需要成為那群地主菁英的一份子，你也能夠欣賞她的作品。多年來，文評家們始終絞盡腦汁，試圖理解為什麼她能吸引如此廣大的受眾。因為她辛辣的幽默感嗎？她筆下有缺點的角色？她完美的句子？她浪漫的情感？解答之一是，她的故事可以任憑讀者詮釋。她讓我們不知不覺將自己的偏愛與動機投注到故事中，而從她的筆下看到自己的世界。

很難辨別珍在寫作時究竟在想些什麼。她是諷刺作家、保

守派、女性主義者還是革命者？對於她所觀察的社交界，她是欣賞還是反對？《珍迷之間：珍・奧斯汀粉絲圈的探索之旅》（*Among the Janeites: A Journey through the World of Jane Austen Fandom*）的作者黛博拉・雅菲（Deborah Yaffe）本身也是珍的書迷，在這本書中，她認為珍・奧斯汀的粉絲全都能從作品中察覺到得以呼應自身所關注議題的情節。女性主義者看見獨立自主的女性違抗父權傳統；基督教徒看見對聖經價值的信守。但這些多樣的回應並不意味著她的故事是「讓我們投射自己的空白畫布」，雅菲說：「它們是鮮活現實的寫照，既複雜又模稜兩可。我們都在她的筆下找到自己，因為某種意義上，她已經寫下所有的人。」[13]

有時候，珍迷喜歡珍・奧斯汀的原因看似彼此矛盾。在她描繪的社交世界中，優雅、良好教養以及禮儀不可或缺，蘇菲、艾米以及她們的「鳳梨」夥伴們深受其吸引，但她們也支持挑戰這些社會常規的角色。這並無矛盾之處：珍・奧斯汀的忠實粉絲往往既有主見又有禮貌。蘇菲和許多其他珍迷都認定伊莉莎白・班奈特是原初的女性主義者，因為她抵抗著社會的父權規範，但又不會完全背離這套規則。在當時的背景下，要同時拒絕她的表兄柯林斯先生和極其富有的達西先生，只因前者是個阿諛奉承的獻媚小人，後者看起來驕傲、目中無人又自私，這需要相當可觀的勇氣。在此珍・奧斯汀教導我們，勇敢是值得的，因為莉琪在重

新審視達西的人格之後與他結婚，最終愛情財富兩得意。

即使是珍‧奧斯汀筆下較爲文靜的女主角們，也有機會站出來反抗壓迫她們的勢力。在《勸服》接近尾聲時，整部小說中幾乎都缺乏自信的安‧艾略特（Anne Elliot）終於站出來，與友人哈維爾上校（Captain Harville）辯論，究竟男人還是女人才是在愛情中更忠貞而恆久的一方。哈維爾聲稱，他讀過的所有書籍都述說女人如何善變無常，而安則以社會不正義辯駁，替他上了一課。當她終於找到發聲的管道，她身爲女性主義者英雄的影響力不亞於莉琪‧班奈特。

對於某些珍迷而言，珍‧奧斯汀的顛覆性不僅是女性賦權，更是嚴厲的社會批判。在禮節與客套之下，他們察覺到犀利的諷刺含義。心理學家D.W.哈丁（Harding）是第一批以這種方式閱讀珍‧奧斯汀的人，他將她的作品這一面向稱爲「規矩的仇恨」，表示她寫書的目的就是「瞄準她不喜歡的那種人，讓他們閱讀並樂在其中。她是社會中的文學經典。如果她的想法傳播夠廣，便足以削弱這個社會。」[14]

我們永遠無法得知這是否**就是**珍‧奧斯汀的意圖，但她的書中確實有許多橋段值得停駐沉思。她毫不猶豫批評勢利眼、自私鬼、馬屁精、吹牛者、疑神疑鬼的人以及其他曖昧的角色，並對道德上令人質疑的決定提出異議。在《傲慢與偏見》中，班奈特太太一出場就被惡毒地形容爲「才智平庸、見

識狹窄、喜怒無常的女人」[15]，並直到最後都不受她的創作者青睞。藉伊莉莎白・班奈特之口，在她的朋友夏洛特・盧卡斯（Charlotte Lucas）接受柯林斯先生作為丈夫後，珍・奧斯汀對夏洛特作出同樣刻薄的道德判斷。若以這種方式閱讀，對於那些較不受她描繪的禮數與浪漫所吸引的粉絲，珍・奧斯汀的作品也足以引起他們的興趣。[16]

珍・奧斯汀的小說以人物的豐富意義與刻畫入微而聞名。但對於某些珍迷，這還不夠。他們想把珍・奧斯汀的故事帶到她自己去不了的地方。粉絲就是粉絲，他們很樂意為她做這件事。

珍・奧斯汀的同人小說已成為一種利潤豐厚的出版類型。單是《傲慢與偏見》就是六百多部衍生文學作品的靈感來源，包括《BJ單身日記》（*Bridget Jones's Diary*）[17]，電影改編中，柯林・佛斯飾演粗魯而尷尬的「馬克・達西」（Mark Darcy）；還有《傲慢與偏見與殭屍》（*Pride and Prejudice and Zombies*）[18]，將殭屍騷亂的場面放入珍・奧斯汀的原始情節中（根據作者賽斯・葛雷恩–史密斯〔Seth Grahame-Smith〕的說法，她的書「恰到好處適合血腥和毫無意義的暴力」）。[19]「奧斯汀文集」（Austenprose）是一個致力於「珍奧斯汀式」小說的部落格，每週至少會點評兩本新書。[20]同人小說線上文庫AO3列有大約四千

部珍‧奧斯汀的衍生作品，其中超過半數出自《傲慢與偏見》。

這些作品許多都圍繞著珍‧奧斯汀筆下最理想的黃金單身漢，探索他難以預測的舉止所帶來的無限可能性。這個子類型的作品包括〈達西先生會怎麼做？〉、[21]〈達西先生的禁忌之愛〉、[22]〈吸血鬼達西先生〉、[23]〈與達西一同受困雪地〉[24]和〈我的達西顫動……〉。[25]自從那幕聲名狼藉的BBC 1995年版濕襯衫場景以後，達西的吸引力就較少與他迷人的性格有關，而更多是（如果能這麼說的話）生物學上的。我遇過的大多數珍迷都承認，他們覺得他令人難以抗拒，很少有人對這個鬧得沸沸揚揚的場景免疫。2010年，利物浦大學的生物學家以他的名字為一種小鼠的性費洛蒙命名：達西素（darcin）。[26]

除了能夠自由地探索自己的幻想，珍迷撰寫衍生小說的另一個原因是操弄性、性別與種族議題。這讓他們得以思考珍‧奧斯汀的世界如果以不同的元素組成，會有什麼改變——例如假設達西先生是同性戀，或者整個社會框架是母權體制。在某個同人小說版本的《傲慢與偏見》中，作者調換所有主要角色的生理性別，所以，達西是個女人，而班奈特姐妹們都是男人。在這個新版本中，是男性持續為了舞會而爭得面紅耳赤，或是去會見當地民兵的軍官，而非女性。[27]

重塑故事也讓粉絲們能夠處理珍‧奧斯汀小說的影視改編中鮮少出現有色人種的批評（2022年Netflix改編的《勸服》是個

著名的例外）。傳統主義者抗辯，她的角色應該由白人飾演，因為在她的故事中，他們就是白人。然而，湊近一看，這並不那麼明確。雖然奧斯汀鉅細靡遺描述性格、情緒狀態和社會動態，但她從未具體描寫外表。達西先生因其「個子高䠷、相貌英俊、氣質高貴」而受到欽慕，伊莉莎白・班奈特則是有著「一雙美目」和「輕盈而惹人喜愛」的體態。在《勸服》中，安・艾略特被描述為「非常美麗的女孩，而且溫柔端莊、雅致易感」，而她的愛人菲德瑞克・溫沃思則是「全身散發優秀光芒的年輕人，充滿智慧、才氣和抱負」。這些概略的描述讓我們能夠以自己喜歡的方式去想像角色，也允許創作者和製片商為珍・奧斯汀注入多元性，這是所有的粉絲都很可能欣然接受的。大多數珍迷覺得，如果珍・奧斯汀活在現代，她會是政治上的進步派。例如，一般認為她支持廢奴主義，在她的年代，這是一種激進的立場，因為社會上有許多人從奴隸制度的利潤中獲益。[28]

　　我住在漢普郡，這是珍・奧斯汀出生、死亡，並寫下她所有書籍的郡縣。這裡是珍迷朝聖者的首選目的地，有成千上萬的人前來致敬，並感覺與他們的文學偶像距離更近一些。距離我家一小時馬車車程的地方是史蒂文頓（Steventon）村，珍・奧斯汀的父親曾在那裡擔任牧師，她則在那裡度過人生的前二十五年。他

們居住的牧師公館以及她撰寫《理性與感性》、《傲慢與偏見》和《諾桑覺寺》初稿的地方，在他們於1801年搬到巴斯後不久就被拆除。除了它曾經聳立過的田地和被認為是由她的大哥詹姆斯（James）種植的萊姆樹外，剩下她的粉絲感興趣的主要地方是奧斯汀牧師曾執事的教堂，建於十三世紀。教堂牆上掛著大量她的家庭成員的紀念碑，前門外面矗立著一棵長於十六世紀的英國紅豆杉，她的父親曾將鑰匙藏在那邊。儘管如此，這些收穫實在微不足道。在史蒂文頓留下的珍‧奧斯汀太稀少了，以至於遊客傾向於訴諸幻想，想像她走在泥濘的小巷，為鄰居送食物或聆聽她父親的講道。早期的珍‧奧斯汀傳記作家康斯坦絲‧希爾（Constance Hill）在1901年與妹妹一起遊覽「奧斯汀之地」，當時她便幻想在牧師公館的花園有著「果樹與鮮花」，並想像自己「瞥見彷彿兩個女孩的身影穿梭其間——是珍‧奧斯汀和她的姊姊卡珊德拉（Cassandra）」。[29]

憑藉想像力，文學朝聖者不僅能在偶像曾居住過的地方讓他們起死回生，也能將虛構的事件視為真實，並想像它們發生在真實的地點。同一時代最著名的奧斯汀朝聖者之中包含英國詩人丁尼生男爵（Lord Tennyson）以及查爾斯‧達爾文（Charles Darwin）之子弗朗西斯（Francis）。他們都曾走訪濱海城鎮萊姆里吉斯（Lyme Regis），探尋《勸服》中的一些場景。他們特別受到海港牆上的一段臺階所吸引，在這邊，路易莎‧默斯格羅夫

（Louisa Musgrove）想跳進溫沃斯上校的臂彎中，卻計算錯誤，跌在人行道上。當達爾文自己爬上臺階時，據他的說法，他「突然莫名其妙地摔倒了」，他的一位朋友也一樣，這使他推斷，路易莎發生意外的真正原因是溫沃斯上校在她跳躍時不慎失足。「過去這似乎一直都令人無法理解，為什麼一個充滿活力又能幹的男人居然如此輕易就沒接到她。」他寫道，很滿意自己解決了這個所謂的謎團。[30]

珍·奧斯汀在小說中總是會清楚說明劇情發生在哪個郡，偶爾還包括萊姆里吉斯和巴斯等真正的城鎮。雖然她的鄉間別墅和當地地理位置是虛構的，但她寫實的描述為粉絲提供大量線索，例如，經常有人想像達西先生在《傲慢與偏見》中的住所彭伯利莊園（Pemberley）就是德比郡（Derbyshire）的查茨沃斯莊園（Chatsworth House）。素材如此豐富，甚至能讓人完成一趟幻想成真的珍·奧斯汀英格蘭之旅，而無需踏入漢普郡半步。

當然，絕不會有人這麼做。對大多數珍迷而言，真正吸引人的是珍本人的生活。每年，擁有五千多名會員的北美珍奧斯汀協會（Jane Austen Society of North America, JASNA）會舉辦一場旅行，前往英國具代表性的珍·奧斯汀景點。行程包括史蒂文頓的教堂、一家人在查頓的住宅（她在該地撰寫許多作品）、鄰近屬於她兄長愛德華（Edward）的查頓莊園、她在溫徹斯特主教座堂（Winchester Cathedral）的墳墓、以及與她的生活有關的各種私

人住宅。我對其中一間住宅相當熟悉，那是漢普郡的埃布索普莊園（Ibthorpe House），因為它曾經屬於我的幾位親近的家族友人。珍‧奧斯汀的朋友瑪莎‧洛依德（Martha Lloyd）於1790年代居於此地，而珍經常借住在一樓的客房裡寫小說。我曾睡在這個房間裡，JASNA之旅的許多客人也是：對珍迷而言，這是最正統的體驗。我的友人們還記得曾接待過兩對夫婦，他們將鬧鐘設定在凌晨3:30，這樣就可以起來交換臥室，確保他們輪流住過珍的房間。他們也記得一位熱愛珍‧奧斯汀的紳士曾抓著樓梯的扶手狂喜不已，叫喊著：「想想看，她曾經把手放在這裡！」[31]

在JASNA旅行團中，狂喜之情司空見慣。珍‧奧斯汀專家伊莉莎白‧普勞德曼（Elizabeth Proudman）說：「美國遊客的行為模式與英國人不同。」自1990年代末期起，她已帶領過十五次的JASNA英國之旅。伊莉莎白當了一輩子的珍迷，她第一次讀到她的小說時還在上學，在那之後，珍‧奧斯汀的角色就一直是她的「朋友」。她曾是英國珍奧斯汀協會（Jane Austen Society of the UK）的主席，而且她住在溫徹斯特——珍‧奧斯汀的至聖之所——一棟能看到主教座堂的房子中。

伊莉莎白的JASNA行程吸引了大學教授、醫師、執行長、教師、圖書館員、會計師和作家。其中有些人會穿著喬治王朝的服裝參觀。「他們的資訊充沛到令人難以置信。你可以問他們艾爾頓太太（Mrs Elton）的妹妹（出自《愛瑪》）叫什麼、住在

哪裡，他們都會知道。真是太出色了。我們會有十天的時間在一起，無時無刻不在談論珍‧奧斯汀。這聽起來很可笑，但實在有很多事情可以聊。」旅程的高潮是在溫徹斯特主教座堂的珍‧奧斯汀墓地舉行的紀念儀式。神職人員會讀幾段禱文，而遊客則一人獻上一朵玫瑰。「然後他們會哭。」伊莉莎白說。

———

　　作為珍‧奧斯汀最終的安息之所，溫徹斯特主教座堂吸引許多意欲思索她短暫人生的粉絲。有些人選擇在她去世的房子外頭表達敬意，就在大學街（College Street）的幾百公尺外。不過，溫徹斯特和她的出生地史蒂文頓都不是最受歡迎的朝聖地。這項殊榮屬於一幢三層樓高的紅磚房子，位於溫徹斯特以東二十七公里路程的查頓，她在那裡度過生前的最後八年，撰寫或修訂她全部的六本小說。

　　這棟房屋於1949年7月開放為博物館，已成為珍迷朝聖的地點。一般而言，每年約有四萬名遊客。這裡擁有龐大的線上人氣，約有三萬人訂閱其Facebook粉絲專頁。在冠狀病毒大流行期間，粉專上舉辦了茶會、演講和房屋的虛擬參訪。遊客來到博物館後經常十分激動，彷彿他們抵達一處神聖之所，或是一間充滿珍貴童年回憶的房屋。有些人的旅途長達幾千公里。我花費一天時間瀏覽博物館裡的八十六本訪客留言簿，最早的可以追溯到

蘇菲‧安德魯和艾比蓋兒‧蘿絲（Abigail Rose）在珍‧奧斯汀
位於漢普郡查頓的房屋外。　　　　圖片來源：Michael Bond。

威靈頓公爵（Duke of Wellington）開放博物館的那一天。隨機打
開一頁，時間是2019年3月，上面的簽名來自西澳洲、維吉尼亞
州、倫敦、南威爾斯、紐約市、馬德里、波蘭、約克郡、日本、
匈牙利、紐卡索和斯里蘭卡。翻到背頁，有人寫道：「我在印度
的愛人想像她自己是從珍‧奧斯汀的小說中走出來的。我是為她
而來的。」

　　從2002年以後，這間博物館就允許訪客留言。他們並未
令人失望：

令人屏息、超現實的體驗。我還是不敢相信，我終於來到這裡了。她的小說啓發我對文學的熱愛，並讓我踏上成爲英語教師的道路，我在學校教授她的小說。

我已經愛著珍非常久了。來到這裡，感覺就像回到過去——當我從她的臥室窗戶看出去時，我深覺被她的精神所感動。

我自從14歲開始的女英雄！

我在花園裡編織了一整天，徹底樂在其中。

很棒。資訊非常豐沛。聞起來有點奇怪。

許多遊客寫道，他們在這裡感覺「興奮得可笑」，他們到此一遊是「夢想成眞」，或者是已經「等了好幾年」。一位女士詢問她是否可以搬進來。另一位受到某個她認爲是珍的存在激勵，應允將自己的女兒以她命名。曾經在這棟房屋裡求婚的人數出奇地高，在2020年的前三個月裡就至少有三對。有些忠誠的珍迷把握這個機會，直接向作者喊話：

噢，珍，你深受大家喜愛。

謝謝你，珍，謝謝你美麗的藝術之作。

美麗的珍。

珍，你改變了我的人生。

珍，你是我生命中的摯愛。

游客經常被自己對這棟房子的反應嚇到。他們並未期望這裡感覺這麼真實，或這麼像個家。受託管理人一直在努力重建珍・奧斯汀居住的樣貌，重製部分原本的壁紙，並在房間內擺放這個家族曾擁有的物品與家具。效果很親切而溫馨，也有點令人毛骨悚然。不難想像她站在父親的書櫃旁，或手持羽毛筆坐在寫字桌前。對珍迷而言，這顯然是讓她復活的場所。

———————————

2020年9月，在英國因新型冠狀病毒疫情而封鎖的期間，我與蘇菲・安德魯和艾比蓋兒・蘿絲一起參觀了珍・奧斯汀在查頓的住所，後者是蘇菲在JAPAS的另一位朋友。蘇菲來過這裡很多

次，感覺幾乎和對她自己的家一樣熟稔。她們都穿著正宗的攝政時期服裝：蘇菲穿著淺藍色的花朵圖案長裙，艾比穿著嘉頓格紋。她們還在單側肩膀上圍著優雅的披肩，戴著朋友製作的草帽。她們的口罩有著別緻的褶子，與身上的衣著顏色相匹配，若是在攝政時期爆發疫情，絕對合格。我早有預料她們會精心打扮，便穿著一套三件式粗花呢西裝，雖然很難稱得上是那年代的服裝，但至少也不是現在的時代。

那是個晴朗的秋日，我們在房屋後面的小花園裡徘徊一陣子。蘇菲和艾比引來不少注意，她們早就習慣了，而且幸好，也很享受。「我猜，那些覺得你完全是個怪胎的人不會跟你說話，但會遇到很多人走過來，然後跟你說：『你看起來好美！這件裙子是你自己做的嗎？你是在演戲還是做別的事嗎？』」蘇菲說：「每個人都想要拍張有你的照片。」儘管艾比性格活潑開朗，但她承認自己相當保守——如果蘇菲是叛逆的伊莉莎白・班奈特，她就是常內省的艾琳諾・達希伍德。她表示，她發現攝政服裝能賦予自己力量。「它帶給我信心。實際上，穿著攝政時期服裝時，要比現代服裝更容易有自信，因為你知道什麼東西適合這個風格，還有哪些物品可以互相搭配。」

我們離開花園，走進房內，小心翼翼遵守社交距離，根據牆上的告示建議，應該「保持一個達西的距離」。蘇菲和艾比討論起壁紙，這是博物館最近利用一些可追溯到珍・奧斯汀年代的碎

片重新製造的。餐廳的裝潢是飾有葉紋的謝勒綠，看起來格外驚人。[32]這個房間是至尊的聖堂，因為這裡有著珍‧奧斯汀的寫字桌。這張桌子與我預期的不同。桌面由胡桃木製成，直徑不到半公尺，底下由一支三叉的桌腳支撐著。它看起來像個燈座，或是張臨時湊合的桌子。那種居家感與她的重量級小說形成十分荒謬的矛盾。然而，它還是讓經過的人們產生深摯的反應。許多遊客哽咽、落淚或屏息，或者純粹站在那裡凝視。

文學愛好者往往會對知名作家的書桌有著戀物情結，彷彿期望桌子還存有一些作家的能力或文才。在作家看來，書桌可能僅僅是個可以靠在上面寫字的東西。英國教授尼古拉‧沃森（Nicola Watson）專門研究作者及其文本在文化上的餘響，他指出，有許多作家的書桌都是策展品，但珍‧奧斯汀的桌子相當不尋常，因為它欠缺可辨認的特徵：「沒有來源聲明，也少有『工作』的痕跡。沒有紙張、沒有墨水、沒有吸墨粉、沒有樣張、沒有個人物品、沒有書本、沒有蠟燭、沒有銅製名牌和銘文。」[33]這張桌子缺少一項關鍵組成：她的桃花心木寫字盒（writing box），她會把紙張放在上面。它在大英圖書館（British Library）展出。這張桌子未經裝飾，空無一物，卻極其使人浮想聯翩。我們得以讓珍‧奧斯汀端坐彼處，於腦海想像這位作家工作時的模樣。**這裡就是事情發生的地方。**康斯坦絲‧希爾於1901年和妹妹一起參觀這座房子時，這裡被用作工人的

俱樂部，她沉思著坐在「正是這間珍・奧斯汀小姐曾經寫作的房間裡」，她們手拿著寫字盒，「看著它的主人堅定而精巧的筆跡」。[34]

我們離開珍・奧斯汀的書桌，走上嘎吱作響的樓梯，進入她與姊姊卡珊德拉共用的臥室。我在這類地方一向都會很想要與周圍的事物過度互動，去觸摸所有不該碰的東西。我掙扎著不要讓自己撲到那張四柱大床上。我發覺，蘇菲和艾比狂熱地討論掛在臥室裡的衣服時，她們也有類似的感覺。「那完全就是超好看，雖然非常小件。」艾比叫嚷著。她思忖著安海瑟薇（Anne Hathaway）在傳記電影《珍愛來臨》（Becoming Jane）中穿著的藍色長袖亞麻連身裙。「我想要做像這樣的袖子。」（後來她真的做了。）

有位女士走進房間，看到蘇菲和艾比身上的服飾，便詢問她們是否正在表演。她們咯咯笑了起來，一點也不覺得被冒犯。這讓我們開始討論，她們是如何透過身體力行攝政時期的角色扮演以及認同**那個**時代以駁斥這個時代的社會期待。「這讓我們有自信，不必擔心別人的想法或社會的規範。」蘇菲說：「這和珍・奧斯汀小說的女主角差不多是一樣的。她們擁有那樣的態度和精神去說：『你不能告訴我該做什麼。我要做自己想做的事。』」

在其他任何人將我的朋友們當成展覽品以前，我們碎步跑過長廊，進入另一個房間，這裡展示著一些珍・奧斯汀最受崇

敬的所有物。她的刺繡薄紗披肩就在那裡，艾比打算在家中仿製一件。「我有薄紗，我也有線！」我們細細審視珍・奧斯汀弟弟查爾斯（Charles）送給她和她姊姊的兩個美麗托帕石十字架、兩姊妹和母親用裙子和家具布料縫製的巨大拼布被、以及一條由綠松石、玻璃和象牙珠串成的手鍊，這可能是珍曾佩戴的傳家寶。

最後，我們停駐在珍・奧斯汀的戒指前。在各種神格化的物品之中，這枚戒指的地位與她的書桌足以相提並論，因為由它的出處便可確定她曾經戴過。它是為纖長的手指而打造的：一顆完美無瑕的綠松石，安放在簡單的金環上。在博物館的商店可以買到一模一樣的複製品，許多珍迷，包括蘇菲在內，都會戴著作為紀念品或護身符。蘇菲的是母親送給她的十八歲生日禮物，也是她最喜歡的收藏之一。她每天都戴著它。「這是我可以隨時帶在身上的一點點『珍』。」她說。

2012年，也就是博物館獲得這枚戒指的前一年，珍・奧斯汀的家人在拍賣會上將它賣給美國歌手凱莉・克萊森（Kelly Clarkson），她收集珍・奧斯汀的紀念物。英國政府很快對這件物品祭出一道出口禁令，使得博物館有機會發起上訴，將它購回。克萊森花費了152,450英鎊。對於大多數的金戒指而言，這

價格都太高昂了，但對這枚戒指絕非如此。出處非凡的物品總是會以非凡的價格出售，而通常有大量的收藏家粉絲樂意喊價。

近年來，粉絲們為各種收藏品付出可觀的金額，包括籃球巨星麥可‧喬丹（Michael Jordan）的Nike球鞋（560,000美元）、麥可‧傑克森的天鵝絨夾克（65,625美元）、達斯‧維達在《星際大戰五部曲：帝國大反擊》（*Star Wars: The Empire Strikes Back*）戴的頭盔（898,420美元）、一輛早期的詹姆士龐德（James Bond）奧斯頓馬丁DB5（Aston Martin DB5）（410萬美元）、愛蜜莉亞‧艾爾哈特（Emilia Earhart）的皮革飛行帽（825,000美元）、小威廉絲（Serena Williams）在2018年美國網球公開賽輸球時砸碎的網球拍（20,910美元）、凱特‧溫斯蕾（Kate Winslet）在《鐵達尼號》（*Titanic*）中穿的紅色洋裝（330,000美元）、「C羅」（Cristiano Ronaldo）丟棄的臂章（64,000歐元）、貓王的聖經（59,000英鎊）、林哥‧史達的鼓組（220萬美元）、約翰‧F‧甘迺迪（John F. Kennedy）的搖椅（453,500美元）、瑪麗蓮‧夢露（Marilyn Monroe）的胸部X光片（45,000美元）和約翰‧韋恩（John Wayne）的假髮（6,250美元）。

這些物品中有許多具有美感價值，但這並非它們令人渴望的原因——沾染到的名氣才是不可或缺的重點。拍賣師還能毫無困難地售出女神卡卡（Lady Gaga）的一片凝膠指甲

（12,000美元）、威廉・薛透納（William Shatner）體內的腎結石（25,000美元）、小甜甜布蘭妮（Britney Spears）的陽性結果驗孕棒（5,000美元）、楚門・柯波帝（Truman Capote）的骨灰（43,750美元）、約翰・藍儂（John Lennon）的臼齒之一（31,200美元）和大賈斯汀（Justin Timberlake）吃了一半的法式吐司（1,025美元）。

人們願意為名人的紀念物所花費的價格高得離譜，這與物品本身的價值無關。珍・奧斯汀的綠松石金戒指複製品要價450英鎊。想必凱莉・克萊森認為，既然它曾經放在作者的手指上，加價33,800%很合理。也許有人會問她為何有如此想法。為什麼一件物品的感知價值可以如此遠大於它的物質價值？粉絲們付出的金錢究竟是在購買什麼？

在許多文化中，人們普遍認為，一個人的本質可以經由實體接觸而傳承到他的所有物上。這些物品變得在心理上具有感染性。最具感染性的物品是身體的一部分。在維多利亞時代，傳統的作法是保存已故親人的頭髮（我就有我曾祖母的）。儘管並非總是展出，但珍・奧斯汀的一綹頭髮是奧斯汀博物館最珍貴的財產之一。擁有某人的頭髮帶給人一種特殊的聯繫：能夠真正觸摸到他。手寫信件也有類似的力量。那個人的某些東西被捕捉於字跡、墨水或曾按壓的紙張中。在我年輕的時候，我曾經收集知名鼓手的鼓槌，那上面既有著演奏帶來的刮痕，也感覺帶有他們的

某些能量。

耶魯大學的心理學家喬治·紐曼（George Newman）和保羅·布倫（Paul Bloom）曾研究在真實世界環境和在實驗室兩種情況下的心理感染性。2014年，他們分析三位知名人士的資產拍賣資料：約翰·F·甘迺迪、賈桂琳·歐納西斯（Jacqueline Onassis）和瑪麗蓮·夢露。他們發現，無論其物質價值如何，感覺上與擁有者接觸更多的物品，如甘迺迪的毛衣或瑪麗蓮的項鍊，一般而言比家具等較無個人特色的物品獲得更高的出價。為了進一步探索這一點，他們進行另一項實驗，將一件名人的毛衣消毒，鏟除所有這位前任持有者遺留的痕跡，然後測試人們購買的意願。結果證明，這件經過消毒的毛衣遠遠不及先前吸引人，去除名人的「精髓」顯著降低它的價值。[35]

這項發現使紐曼和布倫確信，當代西方社會普遍存在心理感染的想法。我們都希望自己的偶像永遠活著，而這是賦予他們永生的方式之一。短時間內，珍·奧斯汀的遺體不可能從溫徹斯特主教座堂的地底復活，但至少透過她的戒指，我們能感受到與她的連結。

———————

當我們走下嘎吱作響的樓梯時，蘇菲和艾比思索著，如果珍·奧斯汀現在還活著，她會是什麼模樣。蘇菲說：「我會有很

多問題要問她。」艾比好奇她是否會辦推特帳號。應該是一定會，她如此認定。「我不覺得她會在乎別人說什麼。她會坦言自己的意見，你要嘛喜歡，要嘛不喜歡。我想，她犯錯時會承認。從她的書本和角色中，可以看到她的謙虛。」她們一致認同，她會是個風趣的人，而她們絕對會想成為她的朋友。在我看來，她們已經是了。「那感覺就是這樣！」蘇菲宣稱。這場對話可能會持續到下午。我們離開珍的家，前往馬路對面的「卡珊德拉的杯子」（Cassandra's Cup）咖啡館，喝了一杯——還能是什麼呢？——令人復甦的好茶。

6 動物心靈
Animal Minds

不久前，我和一頭熊交談過。

那頭熊實際上是個人，一個在骨子裡覺得自己是熊的人。以學術語言來說，他是一個「獸魂者」（therian，亦譯為「獸信仰者」、「靈獸人」、「獸心人」等）：這種人從小就覺得自己是被困在人體內的動物，處於一種稱為「獸人」（therianthropy）的狀態。[1]如果從未聽說過獸魂者，這並不足為奇，他們人數不多，[2]也很少成為學術研究的主題。

獸魂者相信自己生來是錯誤的物種，這種焦慮與一般的人類經驗相去甚遠，以至於他們很難向他人描述。若詢問他們身為動物是什麼感覺，他們會非常合理地反問，是否能描述身為人類的感覺。他們對自己的世界十分了解，但對旁人來說難以觸及。

獸人狀態並非一時的幻想，也不是鬼迷心竅或精神障礙。這是一個信念，獸魂者終其一生都在努力與之共存。他們不是一般意義上的粉絲，是他們的興趣選擇了他們。在此舉列的用意是作為一個處於社會邊緣、並對其成員有著重大影響的社交

團體實例。獸魂者社群對自身也定義是一種粉絲圈，並且與一般的粉絲圈有相當多共同的心理特徵。獸魂者追尋身分、意義和歸屬感，就像珍迷、星艦迷和哈迷一樣。與其他的粉絲圈相比，他們更能闡明成為團體一員的保護作用：由於生活經驗和心理與大多數人截然不同，他們經常深感孤寂，直到遇見彼此。本章將敘述在個體層面上自我認同為另一個物種是怎麼樣的狀態，以及獸魂者如何以社群的方式團結，解決這不協調的難題。藉由獸魂者想成為動物的掙扎過程，我們其他人能夠省思，身為人類究竟代表什麼。

———————————

我的熊朋友綽號叫BearX，[3]他平時的生活正常得出奇。他已婚，有兩個小孩。他是名工程師，擁有一棟不錯的房子，過著舒適的中產階級生活。正如他所言：「如果你不知道有事情不對勁，就不會覺得有哪裡不對勁。」他有許多如熊一般的特質：友善、快活、有著寬闊的胸膛、讓人想要擁抱。他在網路論壇寫著幾句自我介紹，是他一生的最佳總結：「在鄉下長大。應該要是一頭熊，但不是。」

我第一次得知獸人狀態，是在與凱西‧潔芭希（Kathy Gerbasi）對談時，她是一位專門研究動物與人類之間關係的社會心理學家。潔芭希則是在研究獸迷時得知關於獸魂者的事情，獸

迷是在第三章敘述過的一種粉絲，他們喜歡擬人化的動物。有一年她在獸迷聚會上進行問卷調查，其中包括以下兩個問題：「你認為自己不是100%的人類嗎？」和「如果你能成為0%的人類，你會這麼做嗎？」獸迷會感覺與動物很親近，但通常也就僅止於此。因此，當有幾位受訪者對這兩個問題都回答「是」時，她認知到，自己遇到的是在根本上非典型的一群人。

從那之後，潔芭希與獸魂者有過幾次小組討論，據她形容，他們「非常誠懇」。「他們看起來像人。」她說：「動作也幾乎都像人。他們有工作、有人際關係。但他們覺得，自己是在扮演人類。當他們與一般大眾互動，並表現出合宜的行為舉止時，他們覺得這樣並不忠於自我。如果你真的好好和他們對話，他們會告訴你，內心深處他們不是人類。」

當心理學家在調查不尋常的行為模式時，會試著尋找這群人可能有助於解釋這種行為的共同屬性，例如年齡、性別、種族、階級、文化、地理或社會經濟地位。但到目前為止，潔芭希和一些其他研究獸魂者的心理學家仍無法得到定論。他們似乎是非常多元的一群人。我曾經交談過的獸魂者有青少年，也有七旬長者；有女性、男性和性別不明者；他們的居住地散布在荷蘭、美國、加拿大、斯洛維尼亞、英國、法國、挪威、德國、比利時和塞爾維亞。從人口學和背景都無法看出為何他們有如此的共同命運。

唯一幾乎可以確定適用於所有獸魂者的，就是他們很早就認知到自己與周遭的人在身體和精神上都不同，通常這個年齡可以早至六歲。他們感到很「脫節」，隔絕於人性之外，而這種疏離感會伴隨他們度過餘生。

　　「脫節」是什麼樣的感覺？

　　「在我小時候，就有一種內在的感覺，我應該要更大、更重，而且更自信、更抬頭挺胸。」BearX說：「後來我發現，熊完全符合我的感受。這讓我想到，也許我生來就是一隻熊，而宇宙的分類系統出現某種災難性的故障。有些夜晚，我會崩潰大哭，對著上帝乞求：『為什麼我是這個樣子，你能解決嗎？』過一段時間後，我意識到上帝並沒有要解決。」

　　凱撒（Caesar）是一名三十多歲的通訊技術人員，他認為自己是一隻郊狼。他記得，在小學二年級時，就感到「奇怪」和「與人疏離」。到十幾歲的時候，他感覺到自己很明顯與一般人不同，卻不明白為什麼。「我記得，我覺得非常像動物。也許最好說明的方式是，在思考時，人類會運用情緒或是更高階的認知，但我對情勢的反應更加仰賴直覺，而不是透過計算。」

　　在成長過程中，獸魂者會逐漸從「自己不太像人類」的廣泛感覺，逐漸轉向更具體的「自己是哪一種動物」的意識。最終，他們會確定自己感覺正確的特定物種，也就是他們的「獸型」（theriotype）。最常見的獸型是掠食者物種，如狼和大型貓科

動物。與獸迷類似，文化也在其中起作用：美洲豹在南美洲更常見；狐狸則常見於日本，該地的民間傳說有許多人被狐狸附身的故事。[4]幾乎所有的獸魂者都是哺乳動物。在為本章做研究時，我與六匹狼、兩隻雪豹、兩頭棕熊、兩隻郊狼、一隻倭黑猩猩、一隻條紋鬣狗、一隻海豚和一隻松貂說過話。其中一匹狼與一頭熊、一隻郊狼、一頭獾和某種爬行動物住在同一個屋簷下。我還和三名狼人（werewolves）和幾條龍交談過。神話或傳說生物也同樣受到認可，不過這些人通常在社群中被特別稱為「外族」（otherkin）。

────────────

　　身為獸魂者，有項特徵很特殊，而且時常帶有警醒意味，那就是感覺擁有並不存在的身體部位，或稱為幻肢。這項特徵能區分出獸魂者，也讓他們彼此團結，成為一個群體。所有我遇過的獸魂者都與現實妥協，認清自己生活在一具徹底的人類軀殼之中，令人悲傷的是，永遠會是如此。但對當中某些人而言，當大腦告訴他們並非如此時，這會是格外難以接受的現實。[5]

　　布雷茲（Blayz）是一匹狼與犬的混種，在生活中，他持續感覺自己有著突出的口鼻，長著尖牙和長型的犬科舌頭，以及一條能隨心所欲搖擺或下垂的尾巴。他說：「在轉角處，我會調整自己的身體動作，以免尾巴被門夾住，或掃落桌上的杯

子。」另一匹狼名叫小狼（Little Wolf），是美國西北部的一名年輕女子，她覺得自己有一條「很顯然實際上沒有但持續存在的尾巴」，並時常渴望踮著腳趾走路。郊狼凱撒則經常確信他擁有巨大的耳朵，可以像天線一樣操縱。我訪問過兩頭熊，他們都抱怨自己的手掌感覺上與外觀上完全不同。BearX幻想有一天能獲得某種虛擬實境設備，讓他垂下目光時能看到爪子，而不是手和腳。

我曾和一隻雪豹聊過，她是一名二十歲出頭的美國女性，身上出現幾乎所有的幻肢現象。「無論如何，我總是有一條幻肢尾巴。」她解釋說：「即使在我還小的時候，我記得我覺得自己有一條尾巴，並告訴別人它是隱形的。它就像我的手腳一樣，是我的一部分，真的。我也持續感覺擁有爪子以及突出的口鼻，有時候這會讓吃喝變得有點好笑。如果我不注意的話，我可能會錯過自己的嘴巴，因為我覺得自己的嘴巴還要再突出一點，更像是動物的長嘴，而不是人類的嘴唇。除此之外，我經常會感覺頭上有豹耳、鬍鬚、毛髮和一系列其他像是動物的特徵。」

在生物學上，要感覺到根本不可能存在的身體部位並不像乍聽之下那麼荒謬。針對截肢者和先天缺乏手腳者的研究顯示，不一定要擁有實質存在的身體部位，也能感覺到它的存在，而那些欠缺的四肢依然會在腦部的感覺與運動區域占有一席之地。將身體感知為一個整體單位的這件事幾乎完全由大腦的神經網路產

生，感官資訊僅占非常小的一部分。心理學家羅納德‧梅爾扎克（Ronald Melzack）是幻痛（phantom pain）的專家，他提出，大腦不斷產生一種神經衝動模式，指示身體是完整的，並且「毫無疑問屬於自己」，即使事實並非如此。梅爾扎克將這種模式稱為「神經標記」（neurosignature），它由遺傳決定，是每個人的特徵。[6]天生具有非典型神經標記的人可能會體驗到一個與實際擁有並不相符的身體，這並非不可能。到目前為止，還沒有人系統性地檢查獸魂者的大腦，檢視他們的神經模式是否反應出他們所感覺的情況。

已適應自己動物那一面的獸魂者經常覺得幻覺經驗令人安心，甚至愉悅，因為這讓他們確認，自己一直努力想接受的身分的確存在。幻肢可以讓人感覺更像是動物，但若意識到自己並沒有原先所認為的超能力，就可能令人沮喪。當凱撒再次意識到自己無法讓耳朵鎖定遠處的聲音時，他突然警醒：他試圖做的事情「與我自己的生物構造直接衝突」。他非常難過自己沒有像獸類般的毛髮。「我通常會覺得非常赤裸，毫無遮蔽，像隻被剃了毛的狗。」

凱西‧潔芭希在一項研究中採訪了一位認為自己是有翼生物的獸魂者。她詢問，他的「翅膀」完全展開時感覺如何，而他回答，這是件令他深感挫敗的事情，因為他知道自己無法飛翔。獸魂者沒辦法做到一些幻覺身體告訴他們該做的事，對此他們時常

感到不滿。許多人會迴避照鏡子，因為這會提醒他們，自己並非心中所想的那副樣貌。這種認知失調可能令人難以承受。

　　獸魂者解離的現實並非僅藉由幻肢展現。許多人描述自己有「感知轉變」（perception shifts），意思是意識狀態的改變，在改變之後，他們轉化為更具動物特徵的心態。無論物種為何，幾乎所有受訪者都將他們在此過程中的行為描述為「本能的」、「專注的」和「有意識的」，而認知則是「暫停的」，他們的念頭中並無言語。最常見的感知轉變之一是利用四肢行走或跑步的必要，特別常見於犬類的獸魂者。「能夠以四肢移動的感覺幾乎無法形容。」狼狗布雷茲說：「這是令人謙卑的體驗，讓我感覺與大自然息息相關。我的一舉一動感覺都很流暢。我感到與環境緊緊相連，就像我的身體僅是一顆眼珠，而其餘天地萬物才是我實際的身體。難以形容！」

　　獸魂者經常憑藉比喻的說詞解釋自身狀況。他們的經歷過於超乎尋常，而不得不以拐彎抹角的方式向他人闡述。在布雷茲「覺醒」的那一刻，他終於理解自己為什麼感覺如此怪異。那時他十六歲，正在觀賞一部動畫電影，片名是《雪地靈犬》（*Balto*）。劇情中，一隻狼犬率領著雪橇隊，在天寒地凍中穿越上百英里的荒野，拯救一群孩子。布雷茲猶記，他對這位主角

以及劇情產生「巨大的共情反應」。流行文化充滿著意象和隱喻，往往是年輕人尋找意義的起點，對於獸魂者也不例外。

　　感知轉變和幻肢可能令人倉皇失措，但也有助於獸魂者確定自身的獸型。如果感覺手上長著獸掌，可能是一頭熊；如果有獵捕鹿隻的衝動，可能是一匹狼。如果站在人群間，會想要一口咬住前面那人的脊椎，正如某位獸魂者在最近的一項研究中所承認的，那麼則可能是頭非洲母獅，這種動物是僅存少數的掠食人類者之一。[7]一旦確認獸型，可能會有種圓滿解決的感覺。布雷茲說，雖然理解自己是隻狼犬的過程「痛苦、孤獨又充滿挫折」，但只要接受了，他對自己的身分就感覺好多了。他表示，自那之後：「我一直為自己內在的獸魂感到快樂而驕傲！」

　　尋找獸型可能是條艱辛的道路。大多數獸魂者必須經過大量的研究和思考後才能決定。這個社群鼓勵成員在科學上保持嚴謹：異想天開的說法會遭致尖銳的懷疑，例如，若認為身體實際轉化為動物是可行的，就會被斥為「毛頭毛腦」（fluff）。在獸魂者的論壇裡，版主經常斥責發文者宣揚違反物理定律的理論，也會毫不猶豫糾正物種形態或行為描述中的錯誤，例如狼的眼睛是紅色的，或者所有的犬科動物都成群狩獵。

　　獸魂者面對的基本命題很簡單：我是人類，但我覺得自己像是動物，那我是哪一種動物？解決這個問題既令人憂心又複雜無比。艾莉安娜（Alliana）從八歲起就經常感到不安，由於憤怒

會引致她的感知轉變，她認定自己一定是個狼人（「我感覺自己體內有頭狂怒的野獸」）。接著，她深入挖掘文獻，跟隨這股直覺。「我研究得愈多，就愈發現自己顯然是個狼人。」在這趟旅程中，她從未覺得自己有過選擇。「如果我能選擇的話，我寧願根本沒有獸型，只要維持原有的外貌就覺得很滿意了。」

心靈勵志產業所鼓吹的「找到自我」是個模糊的理想，但對於獸魂者，這是必經之路。雖然發現自我可能帶來解脫，但無助於解決更龐大的問題：為什麼我生來如此？我從何而來？我存在的意義是什麼？獸魂者花上許多時間沉思這些問題。科學提供的解答不多，所以他們只能推測。獸人狀態可能是面對早期創傷或兒時著迷於動物的的發展反應，也可能是大腦迴路異常的結果。較傾向超自然解釋的人可能會把它想成轉生輪迴或「錯置的靈魂」。我們無法知曉。但潔芭希發現，獸魂者渴望獲得解釋。「他們想知道自己為什麼是這樣。」她只能跟他們說，他們的大腦與大多數人有點不同。

———————————————

一些心理學家認為，獸魂者遭遇的痛苦類似於天生性別與內心感覺不相符的人。這種比較也經常由獸魂者本身提出，有一小部分的人同時是跨性別（transgender），也是「跨獸別」（'transspecies'）（他們有時會如此陳述）。並非所有跨性別者

都對這個比喻感到自在，他們擔心這會使公共議題的討論更加複雜，也會削弱他們爭取認可的努力作為。在這兩個群體之間，很明顯的相似之處是無所不在的臆形症（dysmorphia），感覺自己的身體是錯誤的；而明顯的差異則是，雖然性別能夠改變，對於物種卻是束手無策。

在精神醫學中，獸人狀態通常被視為心理疾患，或者是精神病或思覺失調症的症狀。它經常被誤以為與狼化妄想症（clinical lycanthropy）是同義詞，後者是一種與思覺失調症相關的疾病，首次描述出現於1988年。[8]狼化妄想症的定義是基於觀察十二位在波士頓的哈佛大學醫學院附屬麥可萊恩醫院（McLean Hospital）就醫的患者，他們產生妄想與幻覺，確信自己變成了動物。患者似乎難以區分自己的身體感覺和外部現象，這有可能是因為腦細胞的溝通方式發生異常。海倫・湯姆森（Helen Thomson）在她的著作《錯把自己當老虎的人：九個擁有最不可思議大腦的奇人，九段非比尋常的生命故事》（*Unthinkable: An Extraordinary Journey through the World's Strangeest Brains*）中，就描述自己見到一名獸化妄想症患者，他時不時便確信自己已經化身為老虎。在她採訪這位患者的過程中，他突然開始咆哮，並威脅要攻擊她，使得採訪不得不提前結束。負責的醫師將此次發作歸咎於該患者未能服用抗精神病藥物。[9]

獸魂者鮮少有任何狼化妄想症的臨床症狀。他們沒有妄想

症，也沒有精神病。只要他們活著，如動物般的感覺就恆常存在，無法經由藥物緩解。他們很清楚自己永遠也無法變成動物，並且對此深感失望。即使醫界專業人士有股衝動想為他們診斷，這也與臨床證據關聯甚微，而更多是出於長年將挑戰社會常規的行為與狀況都視為病態的傾向。對於獸魂者的身心狀態，最多只能說，他們在神經學上是異類，但幾乎沒有疾患的跡象。

2019年，白金漢大學（University of Buckingham）的心理學家海倫‧克列格（Helen Clegg）主導了有史以來第一次針對獸魂者的幸福感與心理健康的全面性研究。她一共招募112人，橫跨不同的年齡、性別、族裔和物種，其中包括狼、狐狸、狗、郊狼、大型貓科動物、家貓、山獅、龍、鳥、豺狼、澳洲野犬、鹿、浣熊、蛇、鯊魚和幾隻恐龍。克列格的團隊發現，這些人被診斷患有自閉症的比例超乎尋常（7.69%，而美國一般大眾的比例為1.5%），雖然目前尚不清楚兩者之間的關聯。他們還發現，與對照組相比，許多獸魂者都不善於人際關係和社交技巧。這可能是由於認知因素，也可能是因為社會對獸人狀態十分忌諱，使得他們很難向其他任何人揭露自己的這個根本面向。被迫隱藏自己的真實本性時，要與他人溝通便挑戰重重。[10]

但除了社會上的困境以外，在克列格的研究中，獸魂者在心理健康的好幾個衡量標準上得分都與非獸魂者一樣高，包括個人成長、生活目標和自我接納。他們有一項心理衡量的得分高於非

獸魂者，就是獨立自主，這項指標評估的是一個策動自身行為並為之負責的程度。研究人員的結論是：「調查結果顯示，獸魂者的機能良好。」

他們的研究還指出，許多獸魂者表現出「思覺失調型」的人格特徵，例如傾向擁有不尋常的感知和其他認知經驗。在一般大眾身上，這類特徵與精神病和思覺失調症有關，但獸魂者大多覺得自己的經驗讓生活更豐富，而非痛苦。克列格認為，這是因為獸魂者找到某種方式，將幻想的念頭與信念整合至一段連貫的敘述中，使他們能夠將自己的感受視為合理。這可以解釋，為什麼即使過程如此痛苦，獸魂者也要了解自己的獸人狀態，並釐清自己屬於哪個物種，以及，為什麼一旦「覺醒」，他們反而更能安然入睡。[11]

獸人狀態或許不是一種心理疾病，但這並不改變它令人難以與之共存的事實。某個夏日午後，我透過視訊與阿齊（Azi）面談，他是一匹住在田納西州的墨西哥狼，每天都會發生約三十次感知轉變。他的獸魂者朋友們告訴我，阿齊的經歷比他們認識的任何人都還要極端——在大多數時候，他更像是狼，而不是人。在我們第一次通信時，他有些憂慮，擔心會有負面的公眾形象，但當我們終於開始交談後，他十分坦誠而健談，並且思路清晰。他頭戴一頂卡其色棒球帽，身穿一件畫著一家子野狼的T恤，反映出他身為墨西哥灰狼保育的倡議者與募款者角色。他正在為保

護瀕危物種而戰——他本人也是其中之一。他認為自己的獸人狀態是轉世造成的。他相信,他的靈魂曾經是一匹狼,在1950或1960年代時在新墨西哥州遭盜獵而亡。

阿齊將他自己在人類與狼之間的感知轉換稱為「瞬間移轉」,因為總是會突然發生,而又同樣突然地消退。據他的說法,當轉換發生時:「我的人類部分關閉了。心理上,我不在了。狼的心智控制著這個身體。我像是坐在乘客的位子,而狼則隨心所欲。我就在想:『等現在這情況結束後,我要去做這樣、那樣的事情。』這是非常解離的感覺。」他的轉換很難壓抑,而啟動後,也很難控制。他經常發現自己在咆哮、嚎叫、四肢著地、踮腳行走,或者如果機會正好降臨的話,在追捕鹿隻。這在生理上可是令人筋疲力盡。他說,這就像深深投入一部電影,結束後,他可以記得一切,但在當下,他並不是負責籌畫節目的人。「我人類的那一面始終被壓制,這非常超現實。」

承認自己是一匹狼,或一頭熊、一隻獾、海狸或任何其他動物之所以能帶來慰藉,是因為這讓人有了身分,它能夠代表自己是誰,並與自身有所共鳴。這與第三章中遭排擠的《哈利波特》粉絲有些類似,霍格華茲的不合群者與怪人讓她對自己有了全新的理解。但對於獸魂者,這種認知經常苦樂參半。伊莉莎白・費恩(Elizabeth Fein)是位與凱西・潔芭希密切合作的臨床心理學家,她表示,接受獸人狀態可能會導致悲傷或疏遠感。「這就像

是，『我總是會與眾不同，我會一直以某種方式與人類隔絕。我永遠不會擁有適合的身體。我身上會一直帶著這件永遠也不會變得正確的事。』」[12]BearX告訴我，當他意識到自己是一頭熊時，「伴隨著一種爲自己的人性哀悼的可怕感覺」。他找到一個身分，同時也失去另一個身分。

　　阿齊仍鮮明地記得在三十歲出頭時，他認可體內這匹狼的那一刻。那是在2015年5月3日，下午4點45分，他站在「一處池塘邊的開闊田野」與一位朋友交談，他突然決定，該停止逃避自己的認同。「那感覺像是我卸下了重擔。我感到前所未有的快樂。」這種感覺並未持續。阿齊一生中大部分時間都在壓抑動物的感覺，「我害怕我的內在，這與身爲人類所被期望的感覺不符」。向內在投降爲他帶來些許解脫，但這也可能將他吞噬，對此他的恐懼從未眞正消失（他不是唯一有如此感覺的獸魂者）。「我已經走過很長一段路，我的恐懼並不如以往強烈。但我很清楚，我永遠無法完全克服。」

　　在我與阿齊的視訊通話即將結束時，我的貓咪塞西爾（Cecil）跳到我的筆記型電腦上，開始磨蹭螢幕，希望得到一些關注。我留意到，阿齊看向別處，似乎有片刻抽離。當我向他詢問這件事時，他承認，身爲一匹狼，很少有什麼事比起被貓盯著看更讓他煩躁。他解釋道：「狼不喜歡牠們，會想要去追捕。」在這次會面中，他設法壓抑住這種感覺。每當他外出到公共場合

時，他都必須應對這樣的刺激——一聲巨響、一隻逃跑的動物、一個惹事生非的人——而他必須隨時保持警惕，以防止自己轉換為狼。

獸人狀態為他們帶來的不太是心理的挑戰，而更像是存在的挑戰。知道自己是動物以後，他們必須叩問自身，那該如何以人類的身分生活。為了協調這樣的雙重身分，獸魂者有各式各樣充滿創意的方式。住在英國的倭黑猩猩洛波里（Lopori）會在當地的動物園盡可能長時間停留，在那裡看著猿猴，並透過玻璃與牠們互動。「有著猿猴的陪伴，我感到平靜而愉快。」他說：「離開動物園的時間愈長，我的情緒狀態就愈脆弱；而我參觀的次數愈多，我就愈有韌性，也愈感到滿足。」阿齊則是抱住他的幼狼布偶：「這可以幫助控制狼，讓牠平靜下來。牠似乎覺得這隻小狼是真的。」凱撒會穿戴人工製造的郊狼毛爪和尾巴上床睡覺。「我喜歡醒來時見到我的毛爪。」只要有機會，BearX就會進到樹林間。有些狼會聚在一起，集體「嚎叫」，這是獸魂者的露營旅行。

對於同時也是基督徒的獸魂者，還有一個額外的問題，即他們的信仰與獸人狀態是否相容？如果是被裝在錯誤軀體中的靈魂，或是相信自己擁有前世，是否也能獲得救贖？他們之中大多數人的解決之道，是相信自己之所以有這樣的感覺，必然出於某種原因。「我還沒有答案。」擁有幻肢的雪豹說道：「只要我不

班足太子受九尾妖狐威嚇，歌川國芳，
1798–1861。　　　　　（維基共享資源）

傷害任何人或我自己，我會盡量別讓這些問題過於困擾我。」她
為什麼需要苦惱？畢竟，宗教是段漫長的旅程，尋找著難以捉摸
的真理，而獸魂者生命中的大部分時間早就踏上這條路了。

———————————

　　獸魂者所面臨的挑戰，是要嘗試讓自己的人類身體與動物
心靈和解，並且說服其他不是獸魂者的人們認真以待，而這項挑
戰的難易度可能部分取決於所身處的文化。在西方，過去兩千年

間，我們大多時候認為自己與動物界的其他生物不同，認知、智力、語言、道德和文化讓我們高高在上。在《創世記》第一章，上帝賦予人類治理權，「管理海裡的魚、空中的鳥，和地上各樣行動的活物」[13]。猶太與基督教傳統毫不遲疑將這段創世神話奉為信條。從亞里斯多德（Aristotle）到康德（Kant），哲學家們一直強調我們比大自然優越，並推斷動物缺乏靈魂或任何近似人類心智的事物，因而如笛卡爾所言，僅是無意識的自動機械或野獸。[14]人類特殊主義（human exceptionalism）導致對地球不計後果的剝削以及對動物道德地位的狹隘態度。但這幾乎完全是西方的觀點，如果回顧人類存在的數萬年歷史，會發現這個想法非常近代。人類和其他生靈之間的界線並非始終涇渭分明。

許多文化都將動物視為神明或祖先。盛行的西藏創世神話認為西藏人的祖先是一隻冥想的猴子；而在突厥神話中，所有突厥人都源自一匹名叫阿史那（Asena）的母狼。許多原住民族群抱持著泛靈觀點，認為動物、植物、河川、岩石和其他自然萬物都具有精神本質，就像人類一樣。古埃及人認為某些特定的動物是神聖的。他們以極尊敬的方式對待貓，還會在牠們死亡時哀悼，並將其做成木乃伊。現今，許多養貓的人也認為他們的寵物擁有遠超於人類的直覺。即使在人類世（Anthropocene），將寵物當作人一樣對待也是可以接受的。[15]

在某些情況下，物種之間的鴻溝顯然不存在。一些最早期的

藝術品就描繪人類與動物的混合體。著名例子包括發現於德國南部洞穴呼倫斯坦–史達德（Hohlenstein-Stadel）的猛獁象牙雕刻「獅子人」（Lion Man），距今35,000年；以及位於法國西南部的洞穴壁畫「巫師」（Sorcerer），繪於15,000年前，形似一隻有著人類特徵的雄鹿。很難理解它們想表達的意思，但其存在暗示著一種與現代的人類中心主義截然不同的世界觀。它們可能代表薩滿試圖與動物溝通、變形為動物或利用動物的身體或精神特質。

歷史記載中一直有故事描寫能在人類與動物形態之間轉換身形的人。《吉爾伽美什史詩》（*The Epic of Gilgamesh*）大約寫成於4,000年前，內容便描述一位國王和一名原始人之間的友誼，後者被認為是古代美索不達米亞（Mesopotamian）藝術中經常出現的「公牛人」（bull-man）的版本之一，他過著像動物一樣的生活，直到被一名妓女誘惑和馴服。古埃及人相信，某些神祇能夠根據需要，從人類轉換為動物。狐妖（kitsune）在日本神話中無所不在，牠們是具有多條尾巴和法力的淘氣狐狸，也可化作人類的形象。美國西南部的納瓦荷人（Navajo）認為，有些最可怕的邪術是「皮行者」（skin-walkers）的傑作，這些薩滿擁有變成郊狼、狐狸、灰狼、貓頭鷹或烏鴉的力量。在墨西哥和中美洲，有著稱為「納呼瓦」（nagual）的魔法師或千里眼，在強大麻醉劑的影響下，他們可以變成美洲豹、驢、蝙蝠、狗、黃鼠狼

或貓頭鷹；十六世紀的傳教士約瑟夫・德・阿科斯塔（Joseph de Acosta）指出，這些巫師可以「變成任何他們選擇的外形，並在空中以驚人的速度長距離飛行」。[16]

歐洲的民間傳說也有著多種獨特的變形者，無論正派或反派。稱為狂戰士（berserkers）的維京戰士作戰時穿著熊和狼的毛皮，他們相信，這能帶給自己該種動物的力量和勇猛。中世紀的女巫因為習慣變身成貓、貓頭鷹、烏鴉和兔子，而受到教會的迫害。最惡名昭彰的變形者是狼人，雖然是人類，但在滿月時會變身為吃人的狼。這些生物許多都在大眾的想像中栩栩如生，甚至經常衍生至小說和電影——《哈利波特》和《權力遊戲》系列就充滿著各式各樣的變形者——偶爾也會出現在新聞報導中：自1975年以來，在英格蘭中部的坎諾克狩獵森林（Cannock Chase）裡，林間和墓地有數十起狼人「目擊」報告，把當地人嚇得魂飛魄散，最終這隻狼人站起來，用兩條後腿逃跑了。[17]

什麼因素可能會誘使一個人想變成動物？可能是渴望得到某些人類無法獲得的特質，例如獵豹的速度、雄鹿的耐力或狐狸的機敏，也可能是希望了解某種動物的習性，而能更有效率地將其獵捕，或者只是想要免除身為人的責任。如果這樣一想，誰不會想試一試？

幾年前，英國藝術家兼設計師湯瑪斯・思韋茨（Thomas Thwaites）設計一項實驗，想理解如山羊一般生活的感覺。他安

排一位工程師為他製作義肢，讓他能夠在下坡路段奔馳，並諮詢動物行為學家，深入了解山羊心理，甚至考慮進行糞便移植以幫助消化青草（但因健康考量而遭拒）。接著，有三天的時間，他四肢著地，與一群山羊在瑞士的山上嚼食青草。他大部分時間都過得很愉快。飼養這群山羊的農民表示，思韋茨已經受到羊群接納了，只不過要跟上牠們的腳步還有些困難。

他從這次的經驗學到什麼？思韋茨在他的著作《羊人：我怎麼放假不當個人》中寫道，山羊的生活包括「走到一片草地上，吃個五分鐘左右的草。再走到另一片草地上，吃那邊的草。諸如此類。」[18] 儘管如此，他還是學到不同類型的草有哪些營養價值，以及了解到身為雙足的生物，要以四肢著地走下山坡有多麼困難。接著，他反思這段經歷如何改變他的視野，以及像動物般生活為何能解放自我。我們平時在生活中編織太多花言巧語，而這只會使自己陷入無盡的煩憂：

> 時刻牢記，我們是動物，這點很重要，因為這使我們能拋開社會與人性中某些愚蠢的觀點，好好反思自我。身為動物能讓我們記住，人類這個物種並沒有特別與眾不同的命運，我們只是萬物生靈的其中一份子。[19]

如果在這個世界上，大家對待動物就像對待人類，而對待人類也像是對待動物，獸魂者的處境會好上許多。身為獸魂者，最困難的事情之一就是害怕公眾的嘲弄，而不得不隱藏真實的自己。「如果大家願意接受，不會覺得這是件奇怪的事，我們的生活絕對能獲得極大的改善。」BearX告訴我：「這種獲得接納的感覺，是每個人都想要的。」當社會上其他人都拒絕接受自己時，生活是非常困難的。沒有獲得他人認可，就幾乎無法得到社會支持。這條原則同樣能解釋，為什麼軍事人員如果在不受歡迎的戰場上打仗，返回家園後，便有高風險患上創傷相關的疾病。[20]公眾譴責是一種社會疏離，是消磨性的懲罰。[21]

許多與我交談過的獸魂者都沒有和家人或是親近的朋友提過自己的獸人狀態。「哈，開什麼玩笑？」當我向一隻十幾歲的郊狼「模仿者」（Copycat）詢問他是否會公開自己的狀況時，他如此回覆：「在我試著向家人分享我獸魂者的這一面時，他們拿我開玩笑。基本上我不會告訴任何人，除非我知道他覺得沒關係。」研究獸魂者的心理學家凱西．潔芭希解釋，自我揭露可能很危險。「在自己內心，你可以說：『我真的和別人不一樣，我真的是一隻狐狸。』但是，等等，又有另一個問題：『我可以告訴誰，我真的是一隻狐狸？』」內心感覺像隻動物，外在像人類一樣生活，獸魂者無法完全投入任何一方，受困於兩個世界之間的陰影地帶。

幸運的是，他們擁有彼此。1993年，在一個名叫alt.horror.werewolves的網路狼人粉絲團體留言板上，誕生了現代的獸魂者社群。在那之後，它逐漸發展成充滿活力的網路，有著具管理者的社群、討論板、諮詢委員會和其他資源，活躍的參與者達數千名，彼此之間維持深厚的友誼。BearX就在1993年時協助成立網路上的第一個獸魂者社團，他表示，成員以許多不同的方式支援彼此，包括社交、財務和情感層面。他說：「大家會發展出親密到不可思議的友誼，因為都擁有這段不尋常的共同經歷。」

　　從不同的獸魂者身上，這個故事的類似版本我聽了一遍又一遍。土狼凱撒告訴我，踏入社群「毫無疑問是我一生中最快樂的時刻之一：發現自己並不是隻身一人，這些感受和經歷除了我以外，還有其他人可以證實。我終究並非註定待在一座被遺棄的荒島上。」布雷茲曾耗費數年，試圖釐清自己古怪的犬類感覺，差點要將之摒棄，認為那是「瘋子的妄想，不過就是心理疾病的副作用」。當他發現自己並非唯一具有這種感覺的人時，「就像一場巨大的雪崩，無數個『原來如此』的時刻瞬間湧現。在世界上有這群真實的人，我自己的經驗和結論能獲得他們的呼應，實在太棒了！這感覺像是救贖。找到其他的獸魂者，可能同時拯救了我的理智與性命。」

　　與任何社會群體一樣，獸魂者社群充滿各種紛擾。就如同

其他人，獸魂者之間也會有不同的意見。意見分歧存在於許多方面，例如：獸人狀態的成因，獸魂者和他族之間的區別，以及某些獸魂者對動物存在性慾這個話題是否適合討論。[22]但普遍的認知是，這個社群是巨大的力量泉源，如果沒有獸魂者的大家庭存在，許多獸魂者會陷入迷失。這方面與其他的粉絲圈十分相似。社會心理學家發現，在少數或弱勢的群體中，如果成員遭遇持續的偏見或批判，回應方式會是更加緊密地認同自己的團體，以歸屬感帶來的心理優勢抵消任何潛在的傷害。這聽起來可能很矛盾，但如果和其他人同病相憐，汙名也可以成為一種力量。[23]

「獸魂者真的很奇怪。」有一隻郊狼帶著惱怒的心情這樣對我說。但也許這只是觀點的問題。在特定的文化和時代背景下，大家不會覺得他們那麼奇怪。而在其他的獸魂者看來，他們的行為完全是正常的。大多數獸魂者都希望獲得更多人接受，雖然至少他們可以放心，知道自己一定會得到同類的接納。當身為獸群的一份子時，生活看起來就不同了。無論是熊、灰狼、郊狼、豹、鬣狗、恐龍還是貓頭鷹，都無所謂。只要是動物，就是自己人。

獸魂者終生都必須忍受掙扎的痛苦，但身在充滿同理心的社群之中，痛苦得以緩解。雖然並不需要成為團體的一份子，也依

然能享受身爲粉絲的樂趣，但團體是有助益的。正如下一章即將闡述的，懷有熱烈的粉絲心態可能會變成一種考驗，尤其是與大眾觀點相違背時。在這類情況下，粉絲們會需要所能得到的一切支持。

7 度過起落的時光
Through the Bad Times and the Good

網路電影資料庫（Internet Movie Database，簡稱IMDb）列有147部以狂熱粉絲爲題材的電影。[1]其中不少電影標題是「粉絲」或其變體。我最喜歡的一部是Der Fan（德語的「粉絲」），這是一部1982年的德國電影，講述一個十幾歲的女孩癡迷於一名流行歌手。開頭相當可預期，她寫了好幾打的信給他。但後續出人意表。他沒有回信，於是她在他的一場演出外面攔截他，在他的更衣室裡晃蕩，與他發生性關係，拿一尊雕像將他毆打致死，再度與他發生性關係，接著切開他的身體，磨碎他的骨頭──除了他的一隻腳，她把它醃了，烤熟後吃下──然後將他的血液舔舐乾淨。心滿意足的九十二分鐘。

像Der Fan這樣的電影，運用的是自流行文化興起後粉絲便必須忍受的刻板印象（「粉絲」這個詞在大眾印象中，仍然與「狂熱份子」聯繫在一起）。他們被形容爲怪咖、邊緣人、無腦的消費者、歇斯底里、不切實際和精神變態，大家對他們感到恐懼，覺得他們獨來獨往，有所癡迷，整天苦惱地待在房間裡（就

像大多數粉絲電影中的主角），或者覺得他們是瘋狂的暴民（比如在1世代演唱會上尖叫的少女）。當從事粉絲行為時，無論他們是自己一個人，還是和其他粉絲一起，都會被覺得很奇怪。

茱莉‧伯契爾（Julie Burchill）於1986年出版的名人文化評論著作《毀壞的眾神》（*Damaged Gods*）指出：「對於閣樓裡的粉絲，在愛與恨之間，在自由意志與命運之間，那道纖細的界線逐漸消失，他無奈地接受那不獲承認也無人欲求的愛，有如尷尬的勃起。」她還寫道：「當他意識到，唯有透過子彈才能觸碰到自己渴求的對象，愛就變成武器了。」[2]一般若要研究此類病態迷戀的粉絲，經典的案例是殺害約翰‧藍儂的兇手：馬克‧查普曼（Mark Chapman），儘管他不是個適合的範例，因為他患有重大人格障礙。[3]即使是蘇格蘭場也認為參與流行文化可能會使理智健全的人成為殺人犯。在千禧年即將來臨的幾個月間，警方已做好萬全準備，以防可能有「極端暴力的行為」，比方從流行的科幻影集如《星艦迷航記》和《X檔案》得到靈感，而集體進行邪教式自殺。根據內部筆記，警方對於「某些團體和個人對這些節目內容的投入程度」感到擔憂，而警告製片者，應當明確知道「該按下哪些心理按鈕」。[4]

「瘋狂的粉絲」、「悲傷的粉絲」、「癡迷的粉絲」。這些標籤可能一點也不準確，但所帶來的汙名卻會影響所有的粉絲。由於害怕被嘲笑或批評，他們經常不願意向粉絲圈以外的人「出

櫃」。2002年，華威大學（University of Warwick）的蘿拉·弗魯門（Laura Vroomen）對凱特·布希（Kate Bush）的粉絲進行研究，結果發現，將近一半的受試者拒絕將自己視為粉絲，因為他們不喜歡其隱含的負面意味，即使他們確實熱愛這位歌手和她的音樂。「『粉絲』這個詞最近有著相當可憎的言外之意——比如會去翻偶像垃圾桶的人，還有《戰慄遊戲》（Misery，史蒂芬·金的著作，描寫一位狂熱的粉絲），還有難相處的怪咖！」其中一位受訪者表示：「我不是那樣的人。（粉絲）原本是指欣賞藝人的作品，並因此感到有趣及/或開心的人。但語言有其象徵性，並且一直在改變，也許『粉絲』現在的意涵不只如此。」[5]

文化評論員弗雷德·維莫瑞與朱蒂·維莫瑞曾蒐集1980年代的粉絲感言，並集結為《明星欲望》（Starlust）一書。書中有位巴瑞·曼尼洛的粉絲，名叫海倫，當年十六歲，本書的第四章曾經提到過她。據她表示，她認為自己「可以說是滿瘋的」，因為在她認識的人之中，沒有任何人會像她一樣如此喜愛自己的偶像。「當你是唯一一個全心全意相信某件事的人，而其他人只會說：『什麼？！』，這真的非常、非常難受。你會開始質疑自己：我是不是要發瘋了？我本質上缺乏安全感嗎？我的情緒不受控制嗎？我的感覺是對的嗎？」當她加入當地的歌迷俱樂部，她才第一次意識到自己的感受是正常的。[6]

並非所有的粉絲都同樣處於負面刻板印象的陰影之下。體育迷就很少因爲過度狂熱而遭受羞辱——大家不僅不會對他們的熱衷感到意外，甚至還讚賞這樣的行爲。在我執筆的此刻，2020 年歐洲足球錦標賽（因疫情而於2021年舉行）即將迎來終局，英國報紙每天都會報導英格蘭球迷的事蹟：在新冠疫情的旅行限制下做出若干重大犧牲，只爲前往現場觀看支持的球隊比賽；或者在慶祝贏球時，脫到只剩下繪有聖喬治十字的內褲，並把啤酒潑灑到朋友身上；或者替自己的狗穿上英格蘭主題的衣服和領巾，以展現對「國家健兒」的「犬力支持」。這一切的報導坦蕩無懼，彷彿這些行爲是一種生命禮俗或是某個豐富文化遺產的一部分。已研究粉絲近二十年的臨床心理學家琳恩‧祖伯妮絲（Lynn Zubernis）表示，體育迷——特別是男性體育迷——「持續在各方面都能受到包容」。[7]幾年前接受採訪時，她解釋道：

一個男性體育迷即使把自己塗成半綠半白，然後半裸著去看一場費城老鷹隊的球賽，他所經歷的揶揄程度也遠遠不及一個宅男把自己塗成半綠半白，半裸裝扮成外星人之類的去參加動漫展時可能遭受的嘲弄。[8]

體育是少數以男性爲主體的粉絲圈，相較之下，流行文化的粉絲圈則傾向以女性爲大宗。因此，流行文化粉絲圈所遭受的

羞辱可能有部分源自性別因素：在某些男性的心目中，若覺得女性的舉止不合宜，便會有此類反應。所幸近年來已經有愈來愈多的粉絲能夠展示自己的興趣，而不會遭受侮辱。祖伯妮絲認為，這是由於Tumblr、Reddit、Facebook、Instagram和推特等社群媒體平台興起，而每個平台都擁有各自的規範和價值觀，決定哪些是可接受的。她在寄給我的電子郵件中寫道：「全然的異質性改變了粉絲彼此之間的關係，以及他們與外界文化的關係。」[9]粉絲社群已然成為主流文化的一部分，這使得對話比以往都更加容易。然而，這並沒有讓粉絲停止互相鄙視，也沒有讓粉絲以外的人停止鄙視粉絲。社群媒體可能帶有惡意。厭女仍是個嚴重的問題。還記得「玩家門」（Gamergate）事件嗎？

稍作解釋，玩家門是一波由一群男性發起的行動，專門騷擾電玩界的女性，因為他們對於女性在這個原本由男性主宰的文化中日漸增長的影響力感到不悅。事件的起始點是2013年，開發人員佐伊・昆恩（Zoe Quinn）推出《抑鬱自白》（*Depression Quest*），這是一款文字遊戲，基於她自身的憂鬱症經歷而製成。接下來的幾個月間，昆恩收到死亡威脅、強暴威脅和持續的線上辱罵，都來自怒氣沖沖的遊戲玩家，他們似乎惱火於她顛覆了傳統以暴力為基礎的形式。這些攻擊者接著又將目標轉向其他女性，包括女性主義者兼媒體評論家阿妮塔・薩克伊西恩（Anita Sarkeesian），她在YouTube影片中批評網路酸民，

而後因此不得不搬離自己的家。作家凱西‧約翰斯頓（Casey Johnston）在知名網站「科技藝術」（Ars Technica）上撰文表示：「這是十分深刻的諷刺。當一位女性勇於指出電玩遊戲中存在著厭女情節時，這些人一方面主張電玩遊戲並不厭女，一方面卻又對她散布大量的厭女威脅，情節嚴重到她必須躲藏以自保。」[10]直到現今，玩家門事件在推特貼文和Reddit論壇上猶有餘響。女性遊戲玩家依然受到攻擊，但她們在創作及參與的同時不忘持續發聲，儘管這個粉絲圈對她們而言並不安全。[11]

雖然在網路上關於流行文化的討論有其黑暗面，但這並沒有讓粉絲停下參與的腳步。每當主流的電視劇播映，必然伴隨著社群媒體上熱烈的討論，包括人物、情節、未來可能的走向、**應該**要有的走向以及製作人出錯的地方。到了最後一集，粉絲總是會將大量的不滿傾洩而出，有些人可能希望有個不同的結局，或希望自己最愛的角色可以有個更令人信服的歸宿。歷史奇幻影集《權力遊戲》於2019年完結，結局是極受歡迎的主角之一瓊恩‧雪諾殺死了他的女王兼情人丹妮莉絲‧坦格利安（令人困惑的是，她同時還是他的姑姑）。當時大約有兩百萬名觀眾連署，要求製作人重新拍攝結局。《星際大戰》系列的最後一部電影《天行者的崛起》（*The Rise of Skywalker*）上映後，觀眾也有類似的反應——事實上，幾乎有史以來每一部《星際大戰》都是如此。《天行者的崛起》之所以不受歡迎，是因為系列作的前

一部《最後的絕地武士》（*The Last Jedi*）暗示善良（代表人物為芮，一位好勝的拾荒者）與邪惡（黑暗戰士凱羅·忍）終將結合。這一次，粉絲的幻想確實成真，只不過，凱羅·忍在他們第一次接吻後便立刻死了。

系列電影和影集無可避免會有大量的粉絲互動，因為它們跨時甚長，並且透過漫長而曲折的敘事曲線吸引觀眾（《權力遊戲》共有八季，而《星際大戰》自1977年就上映了。）在某種程度上，這些影視是製作人與觀眾的合作產物。大多數製作人非常關心粉絲的想法，並且會利用試映會、預告片以及在媒體上「外流」來判斷觀眾對未來情節的反應。人性多變，粉絲們對影視的意見極少達成一致（很多觀眾喜歡《權力遊戲》的完結篇）；製作人若想討好所有人，就得冒著同等的風險去挑釁觀眾，也可能會讓觀眾覺得自己只是被施捨的。

雖然《權力遊戲》的背景以中世紀歐洲為基礎，但主題涵蓋政府機關的腐敗、政治的不確定性以及末日預言的未來，吸引世界各地的粉絲。2012年，介於第二季和第三季之間時，線上雜誌《禿鷹》（*Vulture*）形容，這群粉絲屬於極度熱衷的那種，「因為讀者（和觀眾）都對這個仍在發展的故事非常著迷，執著程度正在急劇上升」。[12]影集原著小說《冰與火之歌》（*A Song of Ice and Fire*）的作者喬治·R·R·馬丁（George R. R. Martin）發現，讀者的關注會造成問題。2019年，馬丁表示，他

會特別遠離網路上無窮無盡的討論，因為害怕影響自己原先對故事走向的想法。「你沒辦法讓所有人開心，」他告訴《觀察家報》（*Observer*），「所以只能讓自己開心。」[13]

　　當熱門作品改編為影視時，熱衷的粉絲群會替編劇帶來不小的壓力。珍·古德曼曾在許多大受喜愛的電影中擔任共同編劇，包括漫畫改編作品《特攻聯盟》（*Kick-Ass*）和《X戰警：第一戰》（*X-Men: First Class*），她告訴我，她非常認真地看待這項責任，尤其因為同樣身為粉絲（她喜歡喬治男孩、《X檔案》還有《魔獸世界》等等），她知道對一個故事或是人物懷有滿腔熱情是什麼感覺。「我一直在想著，我不想要玷汙別人喜歡的事物，我想要忠於原作的精神。我會設想，假如這發生在我所處的粉絲圈，會不會讓我覺得困擾。」例如，如果一個角色必須死亡（對粉絲而言，這可能會導致創傷，本書稍後會詳談），她發現，大家並不太在意這件事是否符合故事情境。「但如果角色死得很廉價，或是欠缺理由，又或者死在不應該的時候，粉絲感覺得出來。而這確實必須由作者負起責任。」

　　2017年，古德曼為《權力遊戲》的衍生作撰寫了試播集，劇情發生在原系列作的幾千年前，概要是記敘這個世界由英雄的黃金年代逐漸傾頹至最黑暗的時刻「長夜」。雖然這個概念來自喬治·R·R·馬丁本人，但他所寫下的非常少，因此古德曼必須從頭開始設計角色、場景和劇情。當時，製片公司正在嘗試好

幾種不同的前傳構想。古德曼說，她之所以被「長夜」所吸引，是因為她想探索一個尚未被建造，因此某程度上也尚未被擁有的世界。「《權力遊戲》的粉絲非常狂熱，我寧可不要去涉入這個大家都熟知的經典。」她說：「但如果只是與那個宇宙相關的事物，又在喬治・R・R・馬丁的同意和參與下，我就能避免踐踏任何人的期待。那是我唯一感覺舒適的競技場。」

最終，在進行試播後，HBO決定不會再拍攝「長夜」前傳。身為《權力遊戲》的粉絲，我感覺這錯失良機，不過，本來就無法隨時讓所有的粉絲都滿意。

───────────────

當個粉絲是件風險很高的事。朋友和家人可能會覺得你很奇怪。有很高的機率，你最喜歡的影視會播出讓你失望的劇情。你喜歡的人物也可能會死亡（除非你選擇了不死的角色）。在真的發生以前，幾乎沒人想過；但一旦發生了，就會是嚴重的打擊。喜愛的明星去世，可能感覺就像是摯友或家人去世。當大衛・鮑伊、王子（Prince）、羅賓・威廉斯（Robin Williams）、艾美・懷絲（Amy Winehouse）或貓王過世時，也許你就曾有這種感覺。悲傷的過程可能激烈且漫長。2020年，一群研究人員採訪鮑伊、麥可・傑克森和喬治・麥可（George Michael）的粉絲，這三位明星分別於2016、2009及2016年離世。許多人回憶，當

時的感覺是「絕望」，就像整個世界「已經徹底崩塌」。他們有各式各樣的應對方法，比如與其他的粉絲聯繫、擴大紀念品的收藏規模，或甚至在家中建造一個祭壇。但他們承認，幾年後再談到這件事時，仍然會想哭，也擔心自己永遠無法走出來。[14]

嘲笑別人很容易，但若考量大多數人從相當年輕時就已經是個粉絲，這些反應是可以理解的。我們喜愛偶像，不僅是因為他們所做的事情，更因為他們所代表的價值以及對於我們的意義。偶像成為我們的楷模，因此當他們離開時，我們也失去了一部分的自己。就算實際上我們從未見過他們，而只能建立「擬社會」的關係，這也無關緊要。麥可‧傑克森去世後，一位他的老粉絲告訴心理學家蓋兒‧史蒂弗：「感覺我生命中的音樂已經停歇了。」[15]

十七年前，史蒂弗曾針對麥可‧傑克森的粉絲進行研究，而在他去世後，有些人在Facebook重新聯繫上她。「他們基本上是在尋找可以一起哀悼的夥伴。」她說：「他們說：『我們知道你會理解。』」心理學家發現，當喜愛的名人去世時，社群媒體發揮著重要作用，能夠協助粉絲應對。[16]當粉絲將私人的悲傷轉化為一場公開儀式，便能夠聯繫其他「懂」的人，並說出自己的痛苦。[17]（研究指出，當悲劇發生時，若周遭能有其他人觀察並陪伴，通常結果會更好。）2016年1月10日，也就是鮑伊與癌症纏鬥失敗的那一天，粉絲共發送超過230萬則標記#RIPDavidBowie

（#願大衛鮑伊安息）的推文（在顛峰時刻，每分鐘達到2萬則）來向他道別。[18]這是現代的方式，但不是唯一的方式。同天晚上，成千上萬的人聚集在倫敦南部布里克斯頓（Brixton）的街頭，這座城鎮是鮑伊成長的地方。悼念的群眾唱著他的歌曲，獻上鮮花，並在地鐵站對面的牆上寫下墓誌銘。與推特洗版不同，這場一時興起的活動影響深遠，整個街區從此成為鮑伊粉絲的恆久紀念地與朝聖目的地。

偶像去世會令人心亂如麻，而即使偶像正好是虛構的，這點也不會改變。書籍和電影中備受喜愛的人物，就像真實人物一樣，能夠深入我們的心靈。他們成為我們的朋友，而當他們死去，這種失落也會留下預料之外的空虛。我認識好幾位《哈利波特》的粉絲，就在阿不思·鄧不利多、弗雷·衛斯理、賽佛勒斯·石內卜、家庭小精靈多比還有他們喜愛的其他角色去世時，感到無比煩亂。我的侄女芙洛拉（Flora）形容，《哈利波特》的世界在她九、十歲時，是她的「生命的全部」。她還記得，當天狼星·布萊克死去時，她嚇壞了。對哈利而言，他是個慈愛的父親象徵，但被他可恨的表姊貝拉·雷斯壯殺害，這讓所有讀者都震驚不已。「我情緒非常激動。」她回憶著：「眼淚直接落下來！」弗雷·衛斯理的死也令人深受打擊，他是哈利最好的朋友榮恩的其中一位哥哥。她說：「因為他們是雙胞胎，但兩人中只有一個人死了。我甚至覺得，如果他們一起死掉，那還比較

好。」

值得慶幸的是，這類帶來創傷的死亡在《哈利波特》系列中並不常見，且大部分都發生在最後一集接近尾聲時。但在《權力遊戲》中，情況就不是如此了。它號稱史上最致命的影集之一，而確實其來有自。在整整八季中，死亡的角色數目是驚人的6,887，而且幾乎全都是死於暴力。[19]沒有人是安全的：即使是極受歡迎的主角們，也經常驟然逝去。粉絲們已經逐漸接受這個不安穩的現實了，然而有些角色的死亡還是帶來巨大的悲傷。一項針對推特的分析指出，瓊恩·雪諾在第五季結尾遇刺（他後來復活了）之後的十天內，許多觀眾經歷了伊麗莎白·庫伯勒–羅絲（Elisabeth Kübler-Ross）經典的悲傷五階段：否認、憤怒、討價還價、悲傷、以及接受。[20]隨著影集劇情推進，屍體的數量也持續增長，線上雜誌《石板》（Slate）開設了一個「虛擬墓地」，讓粉絲可以在數位墳墓前獻花，悼念死去的角色。[21]

「擬社會」的哀悼並非如某些人認為的，是現代文化專屬的萎靡表現，而是有著悠久的歷史。柯南·道爾經歷六年的創作，1893年時，終於對自己筆下的福爾摩斯感到厭倦，而寫出最終卷，讓這位偵探在與宿敵莫里亞蒂教授纏鬥時墜崖而亡。故事在《岸邊雜誌》（The Strand Magazine）刊登後，讀者的反應卻令他十分驚愕。超過兩萬人取消訂閱這本雜誌，以示抗議。有些人寄送黑函給他。據說，倫敦的讀者紛紛戴上黑色臂

章，代表自己的悲傷。柯南‧道爾不得不承認，他低估了自己筆下這位名偵探的受歡迎程度，而在八年後讓他再度現身。在那以後，福爾摩斯依然在電影、電視改編、廣播劇、戲劇和電玩中延續著生命。

從未真正活過的角色何以如此真實？為什麼他們對我們如此重要？2019年，鹿特丹伊拉斯姆斯大學（Erasmus University）的研究人員詢問「已故」虛構人物的十五位粉絲，他們如何處理悲傷，以及是否從角色的死亡中有所體悟。其中一位年輕女子受到《哈利波特》中天狼星‧布萊克過世的影響特別深。她的敘述如下：

> 你可以看到一個人怎麼樣發展。當你了解到某個人在不同情境下的各種層面，就會對他有感情。就是建立了聯繫，懂嗎？你跟著他愈久，認識他愈久……那就變得非常真實。[22]

她如此在乎，並不足為奇。如果你是任何事物的粉絲，無論虛構角色、名人還是體育隊伍，發生在他們身上的事情，某種程度而言，也會發生在你身上。你的自尊和認同感與他們的成功與否緊密相繫，因此若他們遭逢厄運，你也會大受打擊。這就是為什麼有些球迷會支持不只一支球隊。如果主要的球隊輸球，他們

可以轉向第二支球隊。這也是為什麼有些人甚至會在敵方球隊下注，以抵消己方輸球的潛在情感衝擊。[23]這就是為什麼當偶像的行為違法或是與自身的核心價值觀衝突時，所有的粉絲都會或多或少遭遇認知失調。當所愛或所認同的人令人失望時，可能會使人不知所措。J.K.羅琳相信，跨性別行動主義正在侵害順性別女性的權益，也危及她們的安全。自從她開始發表這些關於跨性別女性的爭議性言論以後，有些與她意見相左的《哈利波特》粉絲便誓言再也不會閱讀她的書，也不會觀看這系列的電影。他們心不甘情不願變成了「黑粉」，並且因為失去一個曾對他們意義如此重大的世界而感到相當痛苦。

同樣是道德觀的議題，在#MeToo運動中，許多名人遭指控曾有性方面的不當行為，使得許多人重新審視自己的擬社會關係。在聽說伍迪・艾倫（Woody Allen）猥褻他的小女兒以後，還有可能繼續當他的粉絲嗎？這是被允許的嗎？由於司法審判未有定論，在懷疑被告的同時，粉絲難以決定是否要繼續欣賞他們的藝術品。通常，作品會與創作者一同遭抹滅。

但情況不一定非得如此。《紐約客》（New Yorker）的電視評論家艾米莉・努斯鮑姆（Emily Nussbaum）便主張，創作者與他們的作品不同，應分別視之，但這並不代表原諒他們的行為。她抗辯，身為一名藝評家，自己從小就景仰伍迪・艾倫的才華，如果要她再也不提起《曼哈頓》（Manhattan）和《開羅紫玫

瑰》（*The Purple Rose of Cairo*），那絕對是「瘋了」，儘管這幾部電影都充滿伍迪·艾倫的作風。「正派的人有時會創造糟糕的藝術。」她在最近出版的《我喜歡看》（*I Like to Watch*）一書中寫道：「不道德的人能夠創造傑出的作品，並且已然如此。一個殘忍而自私的人，甚至是罪犯也好，他的創作仍然可能寬容、富有啟發性而人道。又或者，他們可能會創作出驚世駭俗的作品，但讓人看得目不轉睛……歷史上這種反常隨處可見。」[24]

───────────

2019年，HBO和第四頻道（Channel 4）共同製作了一部記錄片，標題為《離開夢幻島》（*Leaving Neverland*），內容是兩名男子分別聲稱他們在孩提時代遭到麥可·傑克森性騷擾。片中，韋德·羅布森（Wade Robson）和詹姆斯·薩菲丘克（James Safechuck）描述，在1988年至1997年之間，當他們留宿於麥可·傑克森的夢幻莊園（Neverland Ranch）以及住在洛杉磯時，麥可·傑克森涉嫌親吻和撫摸他們，並對他們進行口交和肛交，當時羅布森七歲，薩菲丘克十歲。兩位當事人都是在母親的鼓勵之下於麥可·傑克森的臥室中就寢。「（麥可）是我認識的人之中最善良、最溫柔、最有愛心、最會照顧人的。」韋德說：「他曾大力幫助我……同時，他也對我性虐待長達七年。」

1993年時，麥可·傑克森就曾遭指控騷擾兒童，而在2003

年又遇到一次。在1993年的那起案件是由當年十三歲的喬丹‧錢德勒（Jordan Chandler）及其家人提出，後於庭外和解，麥可‧傑克森同意支付2300萬美元。由於缺乏證據，刑事調查中斷。而2003年的指控則是在一部充滿爭議的記錄片播出以後，由於片中指稱麥可‧傑克森經常讓孩童睡在他的臥室中，引發許多質疑，最終刑事法庭在2005年召開，面對一切的罪名，這位歌手全獲無罪釋放。

有鑑於這些往事，在麥可‧傑克森去世後十年，《離開夢幻島》嚴重損害他的名聲。全球有數百萬的觀眾看過這部片，在英國的下載次數超過第四頻道歷史上的所有其他節目。在美國，它榮獲艾美獎的傑出傑克森片獎。這部片也因為過於片面而遭到嚴厲的批評。麥可‧傑克森的朋友和支持者指控，導演丹‧里德（Dan Reed）並未調查薩菲丘克和羅布森言詞中不一致之處。在2005年的審判中，這兩人曾為麥可‧傑克森出庭作證。他的朋友和支持者指控，里德描繪他有罪，卻未提供任何獨立的證據。

這部記錄片營造的情勢讓麥可‧傑克森的粉絲非常不舒服。有段時間，認可他的藝術影響力在輿論道德上是站不住腳的，甚至連承認喜歡他的音樂也是。很多廣播電臺都把他的樂曲移出歌單。麥可‧傑克森最大的網路社群之一的成員表示，他們「因為這整個《離開夢幻島》之亂，失去了朋友」。[25]有些他的粉絲開

始反駁這些主張，指稱里德充滿偏見，或是指出麥可‧傑克森從未被法庭定罪。然而許多評論員認為，他們只是在惹是生非，並且再次提起那些陳腔濫調，將粉絲與失調行為掛鉤。里德便告訴《紐約時報》：「真的，這群人只能和宗教狂熱分子相提並論。他們是粉絲圈的伊斯蘭國（Islamic State）。」[26]

心理學研究顯示，對名人有強烈認同感的人會在名人犯錯時更容易原諒他們，也會設法將錯誤的行為與他們的成就「脫鉤」。這可能就是為什麼，老虎‧伍茲（Tiger Woods）在2009年承認他有多次婚外情之後，依然有這麼多的崇拜者不離不棄，以及為什麼籃球明星柯比‧布萊恩（Kobe Bryant）雖然在2003遭指控為性侵犯，他的球衣仍然是最暢銷的。[27]其中一個解釋是，熱情的粉絲在這段關係中投入太多，以至於無法省思偶像名聲掃地這件事：如果我的楷模是個罪人，那我又是什麼？就麥可‧傑克森的狀況而言，這種分析似乎過於簡化。在《離開夢幻島》播出以後，那些集結起來控訴媒體的粉絲並不尋求原諒他，而是根本不認為針對他的指控是可信的。「相較於其他人，他的粉絲當然會更願意抱持這種懷疑，因為對他有利。」在切斯特大學研究流行音樂粉絲圈的馬克‧杜菲特表示：「但如果（這些指控）已經證明是鐵錚錚的事實，我認為，很快就會有一大群粉絲選擇叛離。那些對他深深付出的人，則會經歷某種悲痛的過程。」

在全球明星中，麥可‧傑克森的粉絲圈是最多元的之一，無論是年齡、社經背景、種族還是地理位置。粉絲出於各種原因喜歡他，而在面臨他遭指控性侵害的新聞時，所採取的方法也形形色色，這一切都很難歸納出單一的通則。但有一項信念使粉絲們團結，那就是，在麥可‧傑克森的職涯中，他一直是種族主義者的攻擊目標，也飽受毫無根據的批評，而既然那些媒體在他生前始終迫害他，在他死後的言論亦不足為信。

2020年12月，我與一位麥可‧傑克森的多年老粉絲西恩‧歐肯（Seán O'Kane）有過幾次談話，在反駁《離開夢幻島》主張的運動中，他曾擔任要角。他與其他人共同建立群眾募資計畫，在倫敦的公車車身與候車亭投放廣告，宣揚麥可‧傑可森是「無辜的」，標語是「事實不會說謊，但人會。」他們自稱為「一個獨立的倡議活動，旨在協助公眾了解事實，並揭發針對麥可‧傑克森的不實指控背後的真相」。[28]

歐肯三十多歲快四十，和藹可親，育有一名年幼的兒子。他是一名心理治療師，專精於性方面的問題。他形容自己是「行動主義粉絲」，而非超級粉絲。他之所以受到麥可‧傑克森的吸引，不僅因為欣賞他的音樂，也欣賞他對於環境與人權議題的立場，此外，更認為他遭受不公正的對待。歐肯在北愛爾蘭長大，是一名天主教徒，他的家人和其他許多人一樣，深受北愛爾蘭問題的影響。他有幾名親戚曾坐過牢。青少年時期，他成為和平大

使，到白宮參觀，這是促進不同信仰間相互理解的活動一部分。當他為麥可‧傑克森而奮鬥時，他覺得自己是為公民權利挺身而出，再一次對抗偏見與歧視。

歐肯提醒我，自1980年代中期以來，小報經常將麥可‧傑克森稱為「怪胎傑克」（Wacko Jacko），這個說法隱含著種族歧視，歌手本人也很厭惡。[29]「他經常是媒體開玩笑的對象。」歐肯表示，媒體似乎看不起麥可‧傑克森身為藝人的非凡成就，也鄙視他身為商人的精明之處（1985年時，他取得披頭四所有舊曲目的發行權）。「他是個很容易攻擊的目標。就好像，無論你想要寫什麼和他有關的事情，你都真的可以寫出來。他是個年輕的黑人，一直被大家當作笑料。這種事情現在不會發生。他有很多缺點，但當時大家以十分惡毒的方式將他的缺點暴露出來，並加以剖析。他被媒體折磨得很慘。」

我也和其他幾位麥可‧傑克森粉絲討論過《離開夢幻島》，但他們不願具名，因為害怕自己會在社群媒體上成為眾矢之的。大多數粉絲表現出的感覺像是不安，又間雜著無奈。不安是因為想到有許多看過這部記錄片的人覺得內容很可信，而無奈是因為「我們已經習慣負面的媒體報導，也習慣他無法得到公正的審判」。而有些粉絲則很害怕指控是真的，他們顯得十分煩惱，不知道該如何面對自己的認同：是該拋下這個人，但留下他的音樂，接受他並非全然的善人，然後懷著這種矛盾繼續生活，還是

該徹底斷開這段關係？可想而知，後者會令人非常難過，因為這意味著要從此塵封一段青春年少的重要回憶。有位粉絲是個律師，她細細審閱過麥可・傑克森在2005年的法庭審判文件後，相信他是無辜的。儘管如此，假如他在這起案件中被定罪，她的立場仍然很清楚：

> 我不是那種能夠將創作者與音樂分開的人。這種說法很常見——比方說，如果他是個戀童癖，我還可以欣賞他的音樂嗎？不，絕對沒辦法。這對我來說，只能是全有或全無。如果知道他會對孩子做出可怕的事情，我不可能還跟著他一起唱拯救世界的歌。

就算再怎麼努力，要忽視別人對我們以及我們所珍視的事物有何想法，可能還是很困難。畢竟，聲譽很重要。死忠的粉絲經常假裝對評論無動於衷，但是當輿論轉向對他們的偶像不利時——就像麥可・傑克森的狀況——他們通常會迅速為偶像辯護。即使偶像已經去世超過五百年，道理也一樣。

在英國歷史上，幾乎無法找到比理查三世名聲更糟的人物。他登基為英國國王後，僅經過約兩年的時間，便在1485年死於博斯沃思原野戰役（Battle of Bosworth Field）。普遍認為他的形

象是個冷血無情的馬基維利主義者，為了取得王位不擇手段。據說，理查三世密謀殺害許多親戚和關係密切的夥伴，包括十七歲的威爾斯親王（Prince of Wales）（他後來娶了親王的遺孀）、親王的父親亨利六世（Henry VI）、他的親兄長克拉倫斯公爵（Duke of Clarence）、他的妻子安妮（Anne）（他設局使她中毒身亡）、他十分信賴的大臣海司丁斯勛爵（Lord Hastings）、還有他兩位年幼的侄子愛德華（Edward）及理查（Richard），他們遭囚禁於倫敦塔時被枕頭悶死。十五世紀的歷史學家約翰·勞斯（John Rous）稱理查三世為「誕於不祥之星的暴君」，指責他的統治「有如『敵基督』（Antichrist）」。[30]湯瑪斯·摩爾爵士（Sir Thomas More）的寫作年代是在理查三世過世的幾十年後，[31]形容他「內心封閉，難以捉摸，是個城府極深的偽君子。待人低聲下氣，內心卻高傲無比。表面上十分友好，私底下卻痛恨對方。即使是意欲殺害的對象，也能毫不猶豫親吻，既無情，又殘忍」。[32]而他的形貌與人格一般臭名昭彰。大多數文獻形容他「畸形」、高低肩、有著「扁小的面容、殘酷的表情，預示著惡意、詭計和欺瞞」。[33]幾世紀以來，歷史學家將這段描述濃縮至一個定義般的稱號：駝子國王。

威廉·莎士比亞（William Shakespeare）的劇作《理查三世》更是讓這種扭曲的形象深植人心。莎士比亞筆下的主角背部雙側隆起，手臂枯萎，是一隻「背上長疣的毒蟾蜍」。[34]從理查

三世的登場獨白中，我們得知他的辛酸……

可恨我這模樣，哪兒配談情說愛，
也沒想去討好鏡子，自作多情，
憑我這料子，缺少情哥兒的風度，
能昂首走近婀娜款擺的仙女？[35]

他病態的身體……

欺人的造化把我殘害得好苦！
畸形，還沒有完工，還沒到時候，
就把我推到了人世——只是個半成品，
瘸著腿，拐著步子，叫人看不入眼。
狗子衝著我高聲叫，看不慣我的一步一拐。[36]

以及他打算走向王位的途徑……

我橫下心來，決定做一名壞蛋，
恨透當前那沒日沒夜的歡樂。
我已設下了毒計，開始了行動，
憑醉後的狂言，誹謗的傳單，夢兆，

去挑撥我三哥克拉倫斯和王上，

叫他們彼此結下了解不開、化不了的仇恨；[37]

　　有超過四百年的時間，莎士比亞所描繪的國王形象是歷史書籍與學校課程中的主流。《錢伯斯百科全書》（*Chambers' Encyclopaedia*）於1895年斷言：「他膽大妄為，不擇手段，而同時亦老謀深算，笑裡藏刀，很少有人兼具這兩方面的特質。」我小時候讀書常使用的《柯林斯國家百科全書》（*Collins National Encyclopedia*）總結，他「篡奪姪子的王位，且據信將其謀害」。目前的《牛津國家人物傳記大辭典》（*Oxford Dictionary of National Biography*）雖然對他的性格著墨較為委婉，但仍形容他奪得王位之舉「極其令人震驚」。

　　多年以來，許多不同的評論家曾質疑這個版本的歷史。1768年，政治家兼作家霍勒斯・沃波爾爵士（Sir Horace Walpole）出版《關於理查三世的一生與統治之歷史懷疑》（*Historic Doubts on the Life and Reign of King Richard III*），書中指稱，對這位國王的指控「奠基於最微小、最可疑的證據之上，前提是假若真有證據」。[38]沃波爾相信，理查三世的叛國故事是由他的對手，也是王位繼任者，都鐸（Tudor）王朝的亨利七世（Henry VII）的支持者捏造的，大多數歸咎於他的罪行都不可信。他也懷疑理查三世外貌畸形的程度，指出不一樣的觀點：

「老戴斯蒙德伯爵夫人（Countess of Desmond）曾與理查共舞，宣稱他是房間裡除了他哥哥愛德華以外最英俊的男人，而且體格相當結實。」[39]

珍‧奧斯汀很同情理查三世，至少在她十幾歲時是如此。她曾撰寫《英格蘭歷史》（*The History of England*），收錄於她的劇作與短篇故事級「年少作品」（*Juvenillia*），文中相當慷慨地幫身為約克王朝（House of York）一員的理查三世提出相關質疑的有利見解：

> 大致上，這位王子的性格遭到歷史學家非常嚴厲的批評，但由於他是個**約克人**，我傾向於支持他是個十分可敬的偉人。確實，有人堅稱他殺死兩名侄子和妻子，但也有人宣稱他並沒有殺死侄子們，而我傾向於相信後者為真；若果真如此，或許也能確認他並沒有殺妻。[40]

到了現代，為理查三世翻案的理念由「理查三世協會」（Richard III Society）所傳承，該協會過往以理查三世的紋章符號命名，稱為「白色野豬團」（Fellowship of the White Boar）。1924年，該團體由一位名叫薩克森‧巴頓（Saxon Barton）的利物浦外科醫生（他的名字簡直是從中世紀穿越來的）和一小群認為歷史對國王不公平的朋友共同創立。1959年，重組為協

會，用意推測為聽起來較不像個邪教。傑瑞米‧波特（Jeremy Potter）是1971至1989年期間的協會主席，他形容當時的典型成員是「年輕、聰明、左撇子的女性圖書館館員」[41]——儘管在我與這個團體的互動過程中，從來沒有遇過任何人符合以上描述。該協會目前會員人數約有3,500名，而在1960年時僅有200名。最近一次的調查顯示，大約70%是女性，四分之三的人已退休，而只有少數人未滿四十五歲。[42]

2021年2月20日，我透過Zoom參加協會的年度股東大會。共有312人與會，令人印象深刻，大家從家裡的圖書室、廚房和起居室連線。大多數人還沒有完全掌握視訊會議的功能——靜音鍵似乎尤其是個挑戰。有食物被吃掉的聲音、狗叫聲、人們與另一半爭吵的聲音。還有老爺鐘噹噹作響。「哈囉！有人聽到我的聲音嗎？」一位紳士重覆喊道，直到協會的財務主管約翰‧懷廷（John Whiting）向他保證我們都聽到了，儘管我們並不是真的多想聽見。撇開會議上這些插曲不談，與會者的地理多樣性之高，令人驚奇。協會成員遍及三十一個國家，從雪梨、奧克拉荷馬、休士頓、巴拿馬、蒙特婁、菲律賓、德國、紐西蘭和英國許多的地區加入通話。在理查三世生前，他的粉絲群主要來自英格蘭北部；時至今日，卻幾乎和麥可‧傑克森一樣國際化。

協會的目標是對於理查三世的性格「鼓勵與促進更加平衡的看法」。他們的官方主張是，理查三世接任王位是合法的，並經

過國會批准，雖然他囚禁姪子愛德華五世，即下一順位繼承人。對於他的行為，協會堅信他是盡責的統治者，加強英格蘭的法律制度；他在戰場上十分驍勇（就連他的敵人也同意這點）；幾乎可以肯定，他並沒有殺害他的哥哥、妻子、威爾斯親王和亨利六世；他的姪子們依然下落成謎；而歷史未能給他公允的評價。

大多數協會成員自稱為「理查派」（Ricardian），他們並不將自己歸類為理查三世的「粉絲」，而更偏好自視為學術研究的一份子，致力於為他翻案。然而，從他們對他的態度以及團體的動態來看，協會與其他粉絲圈有許多相似之處。協會起初是個同好團體，現在名字改掉了，但除此之外依然如初。乍看之下，成員之間似乎相似度不高，僅是對中世紀歷史都感興趣，以及和Zoom不太處得來。但共同懷有的信念使他們團結，那就是理查三世的名聲遭到極度不公正的對待，並渴望為他平反。

他們為何如此肯定他受到誹謗？更奇怪的是，他們為何如此在乎？週年股東大會的幾週後，約翰‧懷廷解釋道：「學校教導我，理查三世是邪惡的國王，是個駝背，還有所有其他的東西，但當我讀到愈多關於他的著作，我愈覺得『等等，這不對勁。』我想要確定究竟發生了什麼事。我不像有些成員一樣，認為理查三世是個被誤解的聖人。他是那個時代的產物。但有很多資料能夠指出，在他當國王的兩年多期間，他達成許多非凡的成就。在他成為國王以前，他對兄長愛德華四世展現出忠誠，也是個指

標。他是個很不錯的人，也是位非凡的戰士。」[43]

莎莉‧亨肖（Sally Henshaw）第一次懷疑自己被販賣謊言是在十七歲的時候，那時她前往史特拉福（Stratford）觀賞一場莎劇演出。「我心想：『非常出色的一齣劇，但等等，不可能會有人那麼邪惡。他不可能一路靠著謀殺登上王位。』於是我開始研究那段時期，然後發現，莎士比亞的版本並不準確。」莎莉待在理查三世協會中已經有四十年了。她是萊斯特分會的祕書，大部分的社交生活都圍繞著協會。她告訴我，雖然所有理查派都對理查三世感興趣，但「他們對生活的觀點、對歷史的看法，以及社會是什麼、應該是什麼，往往完全不同。有些人可以告訴你理查三世每天都在做些什麼，但對那段歷史並不特別感興趣。有些人喜歡社交，和別人見面，交朋友。其他人正在參與一場聖戰：他們想要洗刷理查三世的汙名，如果有可能的話，讓他受封為聖人。」

大多數與我交談的理查派都認為他們是在為弱勢者而戰，也認為，雖然歷史通常是由專業人士撰述，但在這段歷史上，要由素人將其覆寫。歷史亦由勝者書寫。如同沃波爾的意見，理查派也相信他們理查的聲譽是遭到後來奪得權位的都鐸家族詆毀。亨利七世在博斯沃思擊敗理查三世，然後繼承他的王位，但至少有二十幾個人和他一樣擁有名正言順的繼承權。亨利的子民似乎認為，要鞏固他統治的正當性，最佳方法就是將前任描繪為十惡不

赦的暴徒，而約翰‧勞斯、湯瑪斯‧摩爾和莎士比亞都欣然接受了。

　　如果對於理查三世的聲譽之爭感到似曾相識，可能是因為這與當今政治文化的一些主題有諸多相似。娜芮爾‧哈里斯（Narrelle Harris）是一位居住於墨爾本的作家，擅長犯罪、恐怖和奇幻小說。她表示：「理查三世在都鐸時期發生的事情，就是當時的假新聞和取消文化（cancel culture）。」她主張澳洲採共和政體，並非君主制的擁戴者，然而她選擇加入理查三世的陣營，「因為我看得出來，這實在是審判不公。我並不覺得他是聖人，但天啊，他的媒體形象真的很糟！」如同第三章提過的同人小說作家，哈里斯的故事題材有時也來自她喜愛的角色，例如福爾摩斯。她忠於自己身為粉絲的情感，出於對這位遭誹謗的國王的同情，撰寫了一則短篇故事，讓莎士比亞筆下邪惡的理查三世與《星艦迷航記》中同樣邪惡的超人暴君可汗‧努寧‧辛格相遇。（後者在2013年的電影《闇黑無界：星際爭霸戰》〔*Star Trek Into Darkness*〕中由班奈狄克‧康柏拜區〔Benedict Cumberbatch〕飾演。）故事探索兩位角色在正史或官方版本中僅略微暗示，但可能擁有的情感弱點，比如理查三世童年時缺乏關愛，這或許能解釋他們歹毒的行為。雖然是幻想的產物，但比起傳統的方式，這種手法對理查三世性格的處理更為「透徹」。（有些講求嚴謹的理查三世協會成員大概會撇頭不看）：

理查那隻完好的手臂放開匕首，任其掉落，而用那隻手環繞可汗的腰際，猴急地將他拉近。理查預想對方會反抗或攻擊，但兩者都沒有發生。反之，可汗讓自己更加深陷於理查的懷抱，現在吻得更熱烈了。[44]

　　為了爭取讓理查三世的形象更加平衡，理查三世協會以他的名義達成許多成就。他們的主要任務是促進對其生平及時代的研究，透過龐大的計畫，以及創辦學術期刊《理查派》（*The Ricardian*），加上鼓勵學者彼此合作，這確實辦到了。由於這些努力，中世紀晚期，特別是玫瑰戰爭和都鐸王朝早期，是英國歷史上研究得最徹底的時期之一。協會在英國各地有三十多個本地分會，在海外也有，每個分會都營運著自己的講座和活動計畫。由於沒有漢普郡分會，我加入了倫敦分會，這裡在2020年的計畫包括：關於法國囚犯於博斯沃思戰役之作用的講座、玫瑰戰爭期間的政治宣傳、理查三世加冕宴會的菜單（包含孔雀、天鵝和狗魚）。[45]最具野心的一項是由一群語言學家和發聲專家負責的專案，試圖根據對理查三世的頭骨結構、整體健康、姿勢和個性的了解，重建他的聲音。[46]

　　由於理查派是如此熱衷於這個主題，他們想確保在國王去世超過五世紀後，他依然能經常出現在公眾視野。[47]社群媒體的

使用者可以從推特帳號@RIII_Itinerary關注他的一舉一動，上面寫著他每一天在哪裡、做了什麼事，相當有幫助。1484年6月20日，理查三世在約克，隔天他到了龐特弗雷特（Pontefract），7月14日，他又回到了約克。知道這些事情會莫名地令人有種安慰感。理查派的行事曆中，最重要的日子是8月22日，這是他的忌日，每年都在萊斯特大教堂和附近的博斯沃思戰場舉行紀念儀式，中世紀愛好者會穿戴鎖子甲與鋼盔，重演他在都鐸軍隊中衝鋒陷陣，英勇死去的場面。每年到了這天，理查派會前往萊斯特紀念他們的英雄，而理查三世協會有時會在《泰晤士報》或《每日電訊報》（Daily Telegraph）上刊登紀念通告，以免任何人對發生的事情有所疑問：

理查·金雀花。永遠銘記吾輩之善王理查三世，1485年8月22日殞於博斯沃思原野。為眾人所叛、所謗、所愛。

博斯沃思戰役之後，理查三世的屍體倉促葬於萊斯特的一座教堂裡，沒有棺材和裹屍布。墳墓的具體下落很快就被遺忘了。直到2012年9月，在停車場底下找到理查三世的遺骸，轟動社會，登上全球各地頭條。這個故事特別引人注目，不僅因為他的長眠之處有辱身分，還因為發現──嘩！──他的骨骼是變形

的。法醫分析的結論是，他患有嚴重的脊椎側彎，導致他的右肩高於左肩，會明顯看出不對稱，但很難稱得上是莎士比亞宣稱的「駝背」。分析還揭露，他的死因非常殘暴。他的頭骨上有多處傷口的痕跡，包括一根長柄斧的重擊，削去他的部分後腦。他在戰鬥中死去，這幾乎無庸置疑。

在史蒂芬‧佛瑞爾斯（Stephen Frears）最近執導的電影《失蹤的國王》（*The Lost King*）中，尋找理查三世墳墓有著十分戲劇化的經過，而這項搜索行動原先是由菲莉帕‧蘭利（Philippa Langley）所構思與主導的，她是位作家兼電視節目製作人，同時也是理查三世協會蘇格蘭分會的祕書。如同其他人，她並不願形容自己是這位國王的「粉絲」，不過她倒是毫不掩飾自己相當同情。她有一本關於這項計畫的著作，題為《國王的墳墓》（*The King's Grave*），書中寫道：「（他）是個聲譽良好的人，技巧純熟的仲裁者，也是位值得尊敬的正義執行者。莎士比亞筆下邪惡又畸形的暴君，還有都鐸王朝作家鍾情的變態殺手，現在都該視為偉大的戲劇性發明。」[48]第四頻道有一部關於挖掘行動的記錄片，片中，當發現理查三世的骨骼「蜷縮」在墳墓中時，她顯得十分憂傷，而當談論到他在戰鬥中所受的傷，同樣的表情再次出現。「我在那張桌子上看到的不是骨骸──我看見一個人。」她一度如此聲明。她花費將近十年的時間研究理查三世的一生，覺得自己非常了解他。和許多理查派一樣，對她來說，這

件事攸關自身。[49]

　　蘭利現在進行的計畫，是利用法醫科學以及先前未引述的文獻，釐清是誰殺害了倫敦塔中的小王子們——如果真的有兇手存在的話。不難想像這條道路會走向何方。我透過電子郵件詢問，她是否期待找到明確的答案。「對。」她回答：「要知道，無論是在倫敦塔裡還是在其他地方，並沒有證據顯示愛德華四世的兒子們被謀殺，也無法證明是由理查三世（或任何其他人）行兇。」她補充道，她覺得自己正在做一項「我們的歷史學家幾個世紀前早就該做的工作，但他們只會不斷重複莎士比亞戲劇性的敘述」。如果能證明理查三世是無辜的，她希望自己的作為足以使國王終能安息。[50]

　　2015年3月，理查三世重新安葬於萊斯特大教堂，所有的排場和儀式都與一位中世紀的君主相襯（儘管考古學家仍無法找到他的雙腳）。理查三世協會中有七百名成員參加儀式，還有主教、大主教、王室成員和許多萊斯特當地居民。國王有如這座城市的民間英雄：有以他的名字命名的街道和酒吧，也經常有人在大教堂外的雕像腳邊擺上白玫瑰。葬禮過後幾天，居民因受到媒體的關注而興奮不已，同時這座城市的足球隊開始連續獲勝，隔年便從英超聯賽墊底竄升至名列前茅。在這個出人意表的成功故事中，理查派並不是唯一認為這有一小部分應歸功於理查三世的人們。

理查三世面部重建，由理查三世協會委託法醫人類學家卡洛琳‧威爾金森（Caroline Wilkinson）製作。

（圖片來源及版權：© 理查三世協會。經許可轉載。）

　　他原先位於停車場的墓地保存在玻璃地板之下，現在上面建著國王理查三世遊客中心（King Richard III Visitor Centre）。這裡可能是理查派最重要的朝聖地：他曾經躺在這個狹窄的小洞中，頭落在一邊的肩膀上，這似乎比他最終的長眠之地更具象徵意義。我上一次造訪遊客中心時，有兩位女士排在我後面，管理員提出想替她們導覽，但她們禮貌地拒絕了，表示想要「在他的墳墓旁靜靜地待上一會」。許多理查派都在尋求情感上的連結，而原因可能連他們自己都不理解。一切始於名聲與歷史準確之

爭，然而最終走向更加不可思議之處。

　　本章顯示，最身陷苦戰的粉絲——那些感覺必須捍衛自身興趣或是偶像名聲的人——往往就是最全心全意的。如果對理查派或麥可‧傑克森粉絲的投入程度感到匪夷所思，那麼最後一章講述的粉絲圈可能就到了難以置信的地步。這些粉絲特別鍾情於謀殺。儘管主題令人驚愕，他們就和其他的粉絲大同小異，只是相較他人受黑暗面的吸引更多一些。

8 如我們一般的怪物
Monsters Like Us

　　我們都會偏袒觀點與自己相同的人，這個習慣就如同呼吸般自然。這是最基本的人類心理，在無需思考的狀態下驅動我們的行為，無論我們的意圖，也無論結果為何。若我們沒有如此傾向，幾乎可以肯定，世界上的分裂與暴力會更少。不過，也會少了粉絲圈。

　　這個心理學背景能夠解釋，為什麼幾乎每一個所能想到的文化現象都存在著專門的興趣團體，以及為什麼除了欣賞偶像人物和大眾劇情的粉絲圈以外，也有些「黑暗」的粉絲圈，大家齊聚是為了分享自己對於死亡和痛苦的著迷。乍看之下，黑暗粉絲圈似乎與截至目前所談論的粉絲圈全然不同，然而它們其實出奇地相似。大家受到吸引的原因就和受到珍・奧斯汀或是《權力遊戲》吸引一樣。儘管喜歡的主題相當嚇人，但這些粉絲並沒有像大多數人所以為的，都是些道德淪喪的心理變態——只有少數值得擔憂的例外。

　　很難理解為什麼會有人喜歡艾瑞克・哈里斯（Eric Harris）

和迪倫‧克萊伯德（Dylan Klebold），他們是兩名高三生，1999年4月20日在科羅拉多州的科倫拜高中（Columbine High School）殺害了十二名學生與老師。大多數的受害者是在近距離遭射殺，有些時候，兩名兇手會在他們死前對其嘲笑，最後，兇手轉而將槍口瞄準自己。如果他們設置在學生餐廳的炸彈按照計畫引爆，將會再奪去上百人的性命。在當時，這是美國有史以來死亡人數最多的校園槍擊案。他們籌畫了一年，遺言中充滿對同學與人性的憎恨。在屠殺行動前不久，他們拍攝了一部影片，當中提到希望發動一場「為遭剝奪者所發起的革命」。哈里斯在影片中說道：「你們這些人都會死，而且他媽的超快就要死了。」克萊伯德補充道：「我希望，我們可以殺死你們250個人。」[1]

信不信由你，哈里斯和克萊伯德有數以千計的粉絲，他們自稱「科倫拜人」（Columbiners）。擁有追隨者的大規模殺手並不是只有他們：2015年，白人至上主義者狄蘭‧路夫（Dylann Roof）在南卡羅萊納州的查爾斯頓（Charleston）槍殺九名黑人教會成員，他的追隨者是「路夫粉」（Roofies）；2012年，詹姆‧霍姆斯（James Holmes）在科羅拉多州奧羅拉（Aurora）的電影院謀殺十二人，他也有追隨者「霍姆斯迷」（Holmies）。不過，在這詭異的次文化中，哈里斯和克萊伯德是主流。在往後幾乎所有的校園槍擊案中，他們的罪行都是參考的基準，有些時候是靈感來源。

科倫拜高中屠殺案特別引人注目，是因為以前沒有類似事件得到媒體如此密切的報導（事發經過的後半段在電視上直播），也因為有非常大量的相關資訊是公開的。如果想要細究，可以觀看哈里斯和克萊伯德在樹林中測試武器的影片，還能閱讀他們的日記和學校作業摘錄，思索他們的音樂品味，或是直瞪瞪看著他們自殺的照片。這起事件已經融入流行文化，出現在無數的電影、電視劇、歌曲、書籍和電玩遊戲當中。「科倫拜行動」（Doing a Columbine）已成為任何「單獨行為者」（lone actor）恐怖攻擊的委婉說法。四月的那一天所留下的影響力已然巨大到無法忽視。

大多數將哈里斯及克萊伯德視為偶像的人並不寬恕他們的行為，也不想模仿他們。[2]並無證據顯示這些粉絲患有心理障礙（如克萊伯德）或精神病（如哈里斯——不過這是推測性的診斷）。在各項心理學分類之中，他們的評分都相當正常。他們對參與粉絲圈往往不太熱衷。其中一位粉絲在Tumblr上表示：「我們有我們的興趣，你們也有你們的興趣，而我們的興趣只是有點不一樣。」[3]另一位粉絲在接受心理學家訪問時解釋，他們發現自己對哈里斯和克萊伯德很有共鳴：

他們向世人展現出的面貌是酷炫的壞人。我敢肯定，在現實生活中，他們是書呆子、怪胎，而不像他們所假裝

的那麼酷，但有許多人，特別是孩子，會把自己當作他們，或是他們的朋友。他們喜歡相同的音樂，玩相同的遊戲。[4]

很多科倫拜人的背後都有一段社會創傷的故事。在Tumblr、Facebook和Reddit的留言裡，他們描述自己如何被同儕霸凌或排擠，導致生活變得多麼困難。他們似乎很同情同樣身為受害者的槍擊犯。哈里斯和克萊伯德在日記和影片中暗示，他們在學校被一些大塊頭找碴。克萊伯德在最後一支影片中說道：「你們踐踏我們已經好幾年了。」霸凌和排擠不太可能是他們行為背後的唯一促成因素，甚至不太可能是主要因素。許多校園槍擊犯——顯然包括哈里斯及克萊伯德在內——患有自戀型人格特質和憂鬱症。[5]但幾項研究指出，相較於一般的青少年，對校園槍擊案感興趣或揚言會自己犯案的青少年更有可能是霸凌的受害者。[6]這無疑是粉絲圈中最常見的情節。最近，一名科倫拜人在Tumblr上宣告：「每當我想到迪倫和艾瑞克的遭遇，都會覺得難過。」另一名粉絲有點反常地將他們比作基督：「（耶穌）是他中學裡的迪倫·克萊伯德……因為是學校裡唯一的白人孩子而一直被欺負。」

2018年，芬蘭坦佩雷大學（University of Tampere）的燕妮·萊塔南（Jenni Raitanen）和阿特·奧可撒南（Atte

Oksanen）採訪了二十二名在社群媒體上對校園槍擊案表現出濃厚興趣的人。儘管來自十二個不同的國家，研究人員發現他們的敘述驚人地相似。他們都詳盡地談論哈里斯和克萊伯德如何受到同儕的欺侮，以及如果有人能更理解他們，事情可能會有什麼不同。他們還談到自己遭受的霸凌和排擠，並經常將自己的生活與兩位槍擊犯相比。訪談摘要清楚地顯示，他們認同自己**所感覺到**的哈里斯和克萊伯德的情緒經驗。[7]

> 我只把他們看作是兩個怪物，做了可怕的事情，而隨著我的研究進展，我發現他們只是像我一樣的孩子，被霸凌和孤立到邊緣，然後崩潰了。

> 我在學校曾受到嚴重的霸凌和毆打。加上家裡的問題。還有我自己的心理問題。我完全可以理解是什麼驅使他們做出這種事情。

> 大多數科倫拜人有一個共同的想法：在生命中的某個時刻，我們感覺自己是邊緣人或受害者，絕對沒有人能理解我們有多孤單，而這種經驗正是艾瑞克和迪倫曾有過的。

很難理解，為什麼在大眾文化中，明明還有許多曾遭霸凌和迫害的人物，而仍然有人寧可選擇這兩個經歷如此極端的人作為典範。儘管如此，許多科倫拜人發現這種連結很有幫助。這讓他們感到不那麼孤單，對自己的困擾能有不同的看法，或使他們能找到解決方案，而不訴諸報復（幾乎所有受訪者都強調，雖然他們與槍擊犯有所共鳴，但他們並不認同這樣的行為）。其中一人告訴研究人員：「知道還有其他人的感受與我們現在的一樣，即使只是兩個男孩，也能帶來安慰。」

　　奧可撒南告訴我，他認為，對這些受訪者而言，找到一個線上社群是積極的一步。「對於被社會排斥、孤立、感到孤獨或缺乏朋友的人來說，在現實中分享想法非常困難，因此在網路上找到想法相似的人能夠賦予他們力量。這對他們肯定是種解脫。對於多年來一直被霸凌的年輕人，你當然可以理解。」與此同時，他擔心，身處一個持續討論極端想法的團體中，可能會讓當中某些人「走上錯誤的方向」。

　　在許多方面，科倫拜人的社群與我們先前談論過的許多粉絲圈相似。它吸引具有共同的背景及相似的信念、價值觀和態度的人。成員與哈里斯和克萊伯德建立聯繫，就像流行文化的粉絲與一線明星或是喜愛的小說角色建立聯繫一樣。他們參與主題的方式包括廣泛的研究、著迷於細節、對於過去未發現的素材感到喜悅，這些都令人聯想起星艦迷和哈迷的專心致志。在他們交流的

線上論壇裡有無數的猜測：爲什麼學校餐廳的炸彈沒有爆炸（迪倫是否爲了拯救生命而動過手腳？），爲什麼兇手雖然有很多機會，卻沒有殺死更多學生（他們是否在「扮演上帝」？），他們染血的T恤怎麼了（是否交還給家人？），他們的屍體怎麼了（是否有墳墓？）等等。有些人則將這份著迷投注到繪畫、相片編輯、影片剪接或是其他粉絲藝術的作品中，並分享到網路上。不少人都有「艾瑞克和迪倫」的紋身。

你可以想像，有許多人仇視科倫拜人。有些人不相信他們的動機，而其他人則認爲，任何人都不應展現出對哈里斯和克萊伯德的同情。諸如以下：

> 「科倫拜人粉絲圈」毫無疑問擊垮我了，讓我對人性、
> 對自己都失去信心。非常感謝，你們這些操他媽崇拜校
> 園槍擊犯的精神病！[8]

在這方面，他們與獸魂者、女性遊戲玩家和麥可‧傑克森的粉絲並沒有什麼不同，這些群體都遭受大量的攻擊——雖然十分容易理解爲什麼會有人唾棄科倫拜人。他們能成爲粉絲圈的一員是很幸運的：陷入困境的社群往往更團結。面對嘲笑時，與他人並肩要比單獨忍受容易得多。[9]

在一個非常重要的方面，校園槍擊犯的次文化與傳統的粉絲圈相當不同：當中有極小一部分的成員渴望成為大規模殺人犯。儘管風險很低，但毫無疑問，對校園槍擊案有深刻和長期興趣的人更有可能嘗試作案。

根據美國雜誌《瓊斯母親》（*Mother Jones*）旗下記者進行的調查，在1999年至2014年間，科倫拜案在美國啓發至少二十一起槍擊案和五十三起已被阻止的陰謀。[10]許多行兇者在文字敘述或是影片中明確提到哈里斯與克萊伯德，或是仿製他們的服裝、行為和戰術。趙承熙（Cho Seung-hui）於2007年在維吉尼亞州的維吉尼亞理工大學（Virginia Tech）校園中殺害三十二名學生，他表示想要「重演科倫拜」，並在最後的宣言中形容自己是一名「像艾瑞克和迪倫一樣」的烈士。亞當・藍札（Adam Lanza）於2012年在桑迪胡克小學（Sandy Hook Elementary School）大肆屠殺（在二十六名受害者中，只有六名的年齡不是六或七歲），他擁有上百份與科倫拜案相關的文件、圖像和影片。他也曾在某個科倫拜相關線上論壇中定期發表看法，並整理過一份詳細的試算表，內含五百名大規模殺人犯的資訊以及他們所使用的武器。

「模仿效應」在所有非隸屬於恐怖組織的大規模殺手之

間很常見。專門研究這類犯罪的心理學家彼得‧朗曼（Peter Langman）指出，在1966年至2017年間，有五十七起案件是受到先前的殺人犯啟發，並是由獨自行動的槍擊犯所為。「若擁有支持他們暴力意圖的典範人物或意識形態，可能會將原本是異常和可惡的東西（轉變）為令人欽佩的事物。」他在研究中解釋道：「這讓暴力衝動變得正當或是合理。」[11]

2019年3月15日，在朗曼發表分析的幾個月後，一個二十八歲名叫布倫頓‧塔蘭特（Brenton Tarrant）的白人至上主義者在紐西蘭基督城的兩座清真寺進行星期五禱告時殺害了五十一人，另有四十人受傷。他針對移民和「我們種族的敵人」發表冗長的咆哮式宣言，聲稱自己受到狄蘭‧路夫和其他校園槍擊犯的影響，尤其是挪威的極右翼恐怖分子安德斯‧布雷維克（Anders Breivik）。（布雷維克也受亞當‧藍札和一些其他的校園槍擊犯崇拜。）[12]在極右翼的網路論壇8chan上，白人至上主義者紛紛稱讚塔蘭特的行為。「布倫頓‧塔蘭特做了這個版上每個人都夢寐以求的事情。他勇於和敵人作戰，然後贏了……這只是開始。」有個匿名留言者如此寫道。[13]同年，在加利福尼亞州、德克薩斯州、挪威和德國又發生四起極端主義的攻擊事件，塔蘭特皆被提到是靈感來源。[14]這是個恐怖的循環，每個兇手都被下一個視為烈士，毫無停止的跡象。自2012年以來，極端主義者每年在美國策畫或實施平均二十次攻擊。幾乎每一起事件都與白人至上主

義者或其他右翼激進分子有關。[15]

　　模仿犯不必費盡心思就能找到與他們的英雄相關的資訊，而他們自己也不乏散播思想和罪行的方法。塔蘭特透過裝在安全帽上的GoPro攝影機，在Facebook上直播他的屠殺片段，這段影片的備份已在網路上廣為流傳。當主流媒體報導大規模殺戮時，幾乎毫無節制。這非常值得留意：當事件獲得廣泛報導時，出現模仿犯的可能性就更大，特別當事件的結局是自殺時。[16]研究校園槍擊案的芬蘭研究人員阿特・奧可撒南認為，媒體最好完全不要報導這些案件──公開的素材越少越好。這也能阻止槍擊犯獲得他們渴求的名聲。

　　幾乎可以肯定，校園槍擊犯的粉絲圈，包括科倫拜人在內，對模仿效應有所推波助瀾。粉絲們經常在論壇上分享大規模殺戮的相關圖片資訊，幾近毫無監督。「這些人當中，大多數並不會自己成為犯案者，但還是有些人的犯案可能性更高，而這個社群存在的事實就助長了整個現象。」奧可撒南表示。

　　版主該如何分辨，哪些少數的愛好者有可能會步上哈里斯、克萊伯德、布雷維克、藍札、塔蘭特和其他兇手的後塵？若是仔細審查留言板，確認是否有極端主義的意識形態和信念，很可能只是浪費時間，因為99%懷有激進思想的人從來沒有實際作為。態度要轉化為行動並不容易，從極端主義的看法到極端主義的行為之間，並沒有直截了當的途徑。[17]

近來，研究人員開始使用語言分析，希望區分打算使用暴力的和僅是表達激進思想的極端主義者。比起內容和意義，他們更專注於風格，也就是一個人如何使用「虛詞」，例如決定句子語法的代名詞和介詞。這個假設是，謀劃與思考暴力行為會在認知上造成壓力，而這種心理壓力便反映在言詞中。研究發現，在執行暴力行為之前，人們會使用更多的人稱代名詞，並且涉及較少的矛盾概念，而形成逐漸簡化的認知風格。採用語言學方法的好處之一是，任何人都很難有意識地操縱自己的語法以掩飾意圖。另一個好處則是，由於大多數極端主義殺手都在線上粉絲圈內積極發言，並亟於在社群媒體上分享想法，因此不乏可分析的材料。[18]

試圖了解校園槍擊犯及其他所謂的單獨行為恐怖主義者時，困難點之一是，並不容易將他們歸類至特定的心理側寫之下。他們既孤單，又不孤單。由於不屬於任何恐怖組織或政治機構，殺人完全是他們自己決定的。然而，透過網路社群及激進意識形態帶來的微弱連結，他們又彼此相繫。他們強烈受到過往的兇手影響，也會在網路論壇與其他的愛好者互動。這些觀念相近的極端主義者形成廣大的人際網，愈發鞏固自身的觀點。布倫頓・塔蘭特發表宣言時，自炫「曾捐款給許多民族主義團體」以及「還和更多團體有過互動」。他在基督城攻擊穆斯林的數年前曾有幾個月在歐洲旅行，走訪東正教基督徒和鄂圖曼土耳其人之間的歷史

衝突地點，宛如一種黑粉的朝聖。他的社會聯繫在空間上向外拓展，在時間上往回延伸。[19]

　　儘管如此，塔蘭特比大多數人更爲孤單。如同許多單獨行動的兇手，他欠缺有意義的社會團體。若有這樣的團體存在，或許便能控制他的怒氣，並檢驗他的看法是否適當。對這類恐怖分子進行心理學研究時，經常由他們的生命故事中發現孤立或社交疏離的證明。[20]有些人受限於自己內向或神經質的人格特質，無法建立更牢固的聯繫；其他人則因爲衝動或極端的想法而被激進派團體拒於門外。他們是沒有粉絲圈的粉絲。他們甚至遭到觀點相似的人排斥，而使得他們最終透過所有手段中最慘淡的一種來尋求認同。

　　大規模殺手的粉絲圈很小衆。相較之下，連環殺手的媒體曝光度便高出不少。不知何故，相較於一次殺害所有受害者的兇手，對那些一次殺一個的兇手感興趣比較爲人所接受。連環殺手的生命經歷在電影、電視節目、展覽和「眞實犯罪」Podcast中都大受歡迎，已然如同暗黑童話。表面上，這些殺手正常得不可思議。他們可能有家庭、工作和豐富的社交生活。他們也可能富有魅力，和藹可親，因而很難被逮到。他們殺害的幾乎都是自己不認識的人。[21]世界上似乎有很多人覺得上述這些組

合極具吸引力。

在1957年至1958年的冬天，成千上萬的美國人便難以抗拒，紛紛造訪威斯康辛州的普蘭菲爾德（Plainfield），一窺艾德‧蓋恩（Ed Gein）的住所。他是一名深居簡出的單身漢，最近因殺害兩名婦女以及挖掘其他幾具女屍而被逮捕。你很難怪罪群眾如此。警方在他的屋子裡發現一系列令人髮指的物品：廚房裡倒吊一具當地店主的無頭去臟屍體、一堆放在舊鞋盒裡的女性生殖器、用人類頭骨所做的湯碗、裝飾有女性乳頭的腰帶、由人皮製成的背心。誰不會好奇？接下來的幾年間，出現許多由蓋恩得到靈感的虛構殺手，包括《驚魂記》（*Psycho*）中的諾曼‧貝茲（Norman Bates）、《德州電鋸殺人狂》（*The Texas Chainsaw Massacre*）中的皮面人（Leatherface）和《沉默的羔羊》（*The Silence of the Lambs*）中的野牛比爾（Buffalo Bill）。正如蓋恩的傳記作者哈羅德‧謝克特（Harold Schechter）所說，他是「血濺之聖，血腥之祖」。[22]很難不對他關注。

現代對連環殺手的迷戀已然如此普遍，乃至於如今這也只是另一種傳媒消費行為，相當於對科幻電影或日本動漫的喜愛。然而有些粉絲尋求更高檔的參與。大肆觀看砍殺片或是在犯罪現場東張西望已然無法滿足他們，他們渴望觸碰犯下罪行的人，探及恐怖的核心。有幾種方法可以辦到。可以與服刑中的兇手互通書信，甚至和他們講電話（一位在賓夕法尼亞州的粉絲就曾播放

一段對話錄音給我，內容是他與邪教領袖兼定讞兇手查爾斯‧曼森〔Charles Manson〕的閒談）。另一種策略是收集「謀殺紀念物」（murderabilia），意指與兇手及其罪行有關的實物：繪畫、手寫字跡的片段、簽名照、幾絡頭髮。

2016年，當我在研究一篇關於連環殺手的文章時，我便持有艾德‧蓋恩據稱用以將受害者剝皮的那把剃刀。不知何故，它流落到蘇格蘭收藏家史蒂文‧斯庫勒（Steven Scouller）的手中，他也擁有弗雷德‧韋斯特（Fred West）的身分證以及一捆丹尼斯‧尼爾森（Dennis Nilsen）的信件。它看起來和其他的舊剃刀沒什麼兩樣，但實際上絕無僅有。後來，我到紐約旅行時參觀了喬‧科爾曼（Joe Coleman）的公寓，他是一位畫家，在他所謂的「奇異館」（Odditorium）中收藏著大量連環殺手的文件雜物和罪行的遺緒。他指出一些他的最愛：來自殺害李‧哈維‧奧斯華（Lee Harvey Oswald）那把槍的子彈。一撮查爾斯‧曼森的頭髮。一幅約翰‧韋恩‧蓋西（John Wayne Gacy）的畫作，他是名娛樂兒童的小丑，在芝加哥謀殺了數十名男孩。一封「布魯克林吸血鬼」亞伯特‧費雪（Albert Fish）寫的信，收件人是他最後一名受害者葛蕾絲‧巴德（Grace Budd）的母親；開頭寫著「親愛的巴德夫人」，接著便描述他如何將她女兒分屍並食用，還有嘗起來的滋味。[23]謀殺紀念物每年的交易價值達數百萬美元。本文撰寫的同時，在各個隱蔽的拍賣網站上，能夠競標丹尼

斯‧尼爾森的眼鏡（2,000英鎊）、泰德‧邦迪（Ted Bundy）的信（3,999美元）、約翰‧韋恩‧蓋西的油畫（175,000美元）、哈登‧克拉克（Hadden Clark）曾擁有的監獄牙刷（65美元）和查爾斯‧曼森穿過的監獄短褲（850美元）。[24]

經常有人質疑購買這些物品的人動機為何，但結果似是出乎意料地良性。這些人就和其他收藏家一樣，並且無意冒犯受害者。他們的興趣往往不在於殺戮，而在於兇手的生活。許多連環殺手看起來無比正常，是什麼使得他們能夠犯下如此恐怖的罪行？這個問題應該會讓所有的人都很關心。斯庫勒告訴我，他與丹尼斯‧尼爾森通信後，發現他「表達能力非常好」。他又補充：「他似乎非常了解世界上正在發生的事情。我讀著那些信，然後心想：『你顯然是個聰明人，可以成為任何你想成為的人，但卻走上了另一條路。』」在此釐清，所謂的另一條路指的是尼爾森殺害至少十二名年輕男子和男孩，並將屍體擺放成栩栩如生的樣子，保存在他的公寓中，然後再與這些屍體聊天或發生性關係。

想要深究其中的來龍去脈，這種心境很奇怪嗎？或是想要沉思人性與偏差，以及兩者為何能夠共存？在連環殺手與校園槍擊犯的粉絲圈中，幾乎無可稱揚之事，但有甚多值得思索。如此詢問顯得合情合理：是什麼驅使這些人犯下如此可怕的罪行，以及該如何將他們送上不同的道路。

結語
Epilogue

　　當個粉絲具有很多層意義，但追根究柢是一項愛的行為。這本書提及的粉絲在興趣、年齡、背景和動機上十分多樣，但共同點是，他們都獻身於某個自身以外的人事物。他們都在尋找意義，而且為了這個目標，已做好大量付出的心理準備。

　　當我還是青少年時，有很長一段時間是搖滾樂團「警察樂隊」（The Police）的忠實粉絲，尤其喜歡他們的鼓手史都華·寇普蘭（Stewart Copeland）。想當然爾，我擁有他們出品的每一首樂曲，還有許多盜版的現場私錄。我本身也是個鼓手，所以花了大把的時間想要複製史都華獨樹一幟的打鼓方式。最近，透過一位共同的朋友，我有機會與他見面。再三斟酌以後，我決定放棄這個機會，覺得這可能只會讓我失望。畢竟，他帶給我的已經這麼多了——我又怎麼還能期盼更多呢？

　　我現在意識到，我對警察樂隊的愛不如以往，不是因為這段關係得不到回報，或是「擬社會」，而是因為我從來沒有途徑可以和其他人分享這份熱愛。我沒有加入粉絲俱樂部，也沒有結交音樂會上的其他崇拜者（這在網路時代以前更難辦

到）。我真希望當時自己曾這麼做。我已數不清有多少位粉絲曾告訴我，成為粉絲圈的一員是他們最大的成就感來源，或者是生命中發生過最美好的事。不過，這永遠不嫌遲。你永遠也不知道，自己什麼時候會愛上比自己更重要的人事物。若有下次，我將全心全意投入。

參考書目精選
Selected Sources

Enterprising Women: Television fandom and the creation of popular myth, by Camille Bacon-Smith (University of Pennsylvania Press, 1991)

Playing to the Crowd: Musicians, audiences, and the intimate work of connection, by Nancy Baym (New York University Press, 2018)

A Companion to Media Fandom and Fan Studies, edited by Paul Booth (Wiley-Blackwell, 2018)

Henri Tajfel: Explorer of identity and difference, by Rupert Brown (Routledge, 2020)

Framing Fan Fiction: Literary and social practices in fan fiction communities, by Kristina Busse (University of Iowa Press, 2017)

The Fanfiction Reader: Folk tales for the digital age, by Francesca Coppa (University of Michigan Press, 2017)

Animals and Society: An introduction to human–animal studies, by Margo DeMello (Columbia University Press, 2012)

Fangirls: Scenes from modern music culture, by Hannah Ewens (Quadrille, 2019)

Fandom as Methodology: A sourcebook for artists and writers, edited by Catherine Grant and Kate Random Love (Goldsmiths Press, 2019)

Jane Austen: Her homes and her friends, by Constance Hill (John Lane, 1902)

Fic: Why fanfiction is taking over the world, by Anne Jamison (Smart Pop / BenBella Books, 2013)

Textual Poachers: Television fans and participatory culture, by Henry Jenkins (Routledge, 1992)

Fans, Bloggers and Gamers: Exploring participatory culture, by Henry Jenkins (New York University Press, 2006)

Jane Austen's Cults and Cultures, by Claudia Johnson (University of Chicago Press, 2012)

The King's Grave: The search for Richard III, by Philippa Langley and Michael Jones (John Murray, 2013)

The Adoring Audience: Fan culture and popular media, edited by Lisa Lewis (Routledge, 1992)

Austentatious: The evolving world of Jane Austen fans, by Holly Luetkenhaus and Zoe Weinstein (University of Iowa Press, 2019)

Fan Phenomena: Jane Austen, edited by Gabrielle Malcolm (Intellect Books, 2015)

I Like to Watch: Arguing my way through the TV revolution, by Emily Nussbaum (Random House, 2019)

Squee from the Margins: Fandom and race, by Rukmini Pande (University of Iowa Press, 2018)

Camp Austen: My life as an accidental Jane Austen superfan, by Ted Scheinman (Farrar, Straus and Giroux, 2018)

Real Characters: The psychology of parasocial relationships with media characters, ed. by Karen Shackleford (Fielding University Press, 2020)

The Secret Lives of Sports Fans: The science of sports obsession, by Eric Simons (Overlook Duckworth, 2013)

The Psychology of Celebrity, by Gayle Stever (Routledge, 2019)

Human Groups and Social Categories: Studies in social psychology, by Henri Tajfel (Cambridge University Press, 1981)

Everything I Need I Get From You: How fangirls created the internet as we know it, by Kaitlyn Tiffany (MCD x FSG Originals, 2022)

Starlust: The secret lives of fans, by Fred and Judy Vermorel (W. H. Allen, 1985)

Sports Fans: The psychology and social impact of fandom, by Daniel Wann and Jeffrey James (Taylor and Francis, 2019)

Among the Janeites: A journey through the world of Jane Austen fandom, by Deborah Yaffe (Mariner, 2013)

Fandom at the Crossroads: Celebration, shame and fan/producer relationships, by Lynn Zubernis and Katherine Larsen (Cambridge Scholars, 2012)

致謝

感謝所有因為本書而與我交談的粉絲（以最廣泛的定義）。我特別感謝珍奧斯汀鳳梨欣賞協會的蘇菲‧安德魯、艾比蓋兒‧蘿絲和艾米‧庫姆斯；動畫寶貝的蕾雅‧霍姆斯、蘿拉‧瓦頓和莉莎–珍‧霍姆斯；願意冒著一定風險參與的BearX、阿齊、里克（Lyc）和其他獸魂者；理查三世協會的菲莉帕‧蘭利、約翰‧懷廷、莎莉‧亨肖和史蒂芬‧約克（Stephen York）；西恩‧歐肯、奇雅‧古德森和潘妮洛普‧塔布斯（Penelope Tubbs）；還有我家裡的哈迷們，對於哈利波特世界，我所知道的一切都是他們教我的。

感謝下列作家、表演者、導遊和策展人分享自己對於粉絲圈的看法，包括Lizzyspit、克里夫‧瓊斯、珍‧古德曼、唐‧肖特、班‧湯普森、艾特琳‧梅里克、娜芮爾‧哈里斯和伊莉莎白‧普勞德曼，還有在查頓那美妙的珍奧斯汀故居博物館裡的蘇菲‧雷諾德（Sophie Reynolds）和羅伯特‧布克（Robert Booker）以及他們的同僚。

本書的許多理論都是基於多位心理學家和粉絲文化專家的迷人研究，尤其是蓋兒‧史蒂弗、寇特尼‧普蘭特、史蒂芬‧

瑞森、凱絲琳‧潔芭希（Kathleen Gerbasi，即前文中之凱西‧潔芭希）、伊莉莎白‧費恩、海倫‧克列格、史蒂芬‧萊赫、艾力格斯‧哈斯拉姆（Alex Haslam）、瑪麗蓮‧布爾、丹尼爾‧瓦恩、阿特‧奧可撒南、琳恩‧祖伯妮絲、凱瑟琳‧拉森（Katherine Larsen，即前文中之凱西‧拉森）、梅根‧諾爾斯、潔伊‧戴瑞克、馬克‧杜菲特和布理安娜‧迪姆（Brianna Dym）。

感謝朋友，還有和朋友的朋友，他們為我引介關鍵人物，或無償付出時間和專業知識，特別是莎碧娜‧弗倫奇‧布雷克（Sabina ffrench Blake）、黛西‧唐恩（Daisy Dunn）、大衛‧伍德（David Woodd）、約什‧科斯明斯基（Yosh Kosminski），以及我十分想念的邁克爾‧桑德斯（Michael Saunders）。

最後，特別感謝我的編輯尼克‧漢弗里（Nick Humphrey）；感謝發行人拉維‧米爾昌達尼（Ravi Mirchandani）和他在皮卡多（Picador）棒透的團隊，尤其是羅珊妮‧穆爾賈尼（Roshani Moorjani）和尼古拉斯‧布雷克（Nicholas Blake）；感謝我的經紀人比爾‧漢米爾頓（Bill Hamilton）幫助我發想初始構思，並且更廣泛而言，使整件計畫依循軌道而行。

附註

第 1 章　粉絲圈的社會史

1　The London Library: www.londonlibrary.co.uk.

2　From Henry Dickens, *Memories of My Father* (Victor Gollancz, 1928), p. 17; via *Dickens: Interviews and Recollections*, ed. Philip Collins (Macmillan, 1981), volume 1, p. xvii.

3　夏洛克‧福爾摩斯的故事於1891年至1927年間在《The Strand Magazine》上連載。

4　From John Dickson Carr, *The Life of Arthur Conan Doyle* (John Murray, 1949), p. 165. Other sources on the public appetite for Sherlock Holmes include Reginald Pound, *The Strand Magazine, 1891–1950* (Heinemann, 1966); and Ann McClellan, *Sherlock's World: Fan fiction and reimaginingof BBC's Sherlock* (University of Iowa Press, 2018).

5　此出處為：Jerrold Casway, *The Culture and Ethnicity of Nineteenth Century Baseball* (McFarland, 2017), p.59。另一種理論認為「fan」是「fancy」的縮寫，這詞彙在十八世紀時常用於表示拳擊、賽鴿或其他消遣的追隨者。

6　Hugh Fullerton, 'Fans', *The American Magazine*, August 1910; sourced via Daniel Cavicchi, 'Foundational discourses of fandom', in *A Companion to Media Fandom and Fan Studies*, ed. Paul Booth (Wiley, 2018), ch. 2.

7　科幻粉絲圈於1920、30、40年代的崛起在以下來源具有詳細記錄：Sam Moskowitz, *The Immortal Storm: A history of science fiction fandom* (Hyperion Press, 1974); and Harry Warner, *All Our Yesterdays: An informal history of science fiction fandom in the forties* (Advent, 1969).

8　John Sullivan, *Media Audiences: Effects, users, institutions, and power* (Sage, 2013), p. 196.

9　Henry Jenkins (1988), 'Star Trek rerun, reread, rewritten: fan writing as textual poaching', *Critical Studies in Media Communication* 5(2), pp. 85–107.

10　Will Brooker, *Using the Force: Creativity, community and Star Wars fans* (Continuum, 2002), p. xii.

11　William Proctor (2013), '"Holy crap, more *Star Wars*! More *Star Wars*? What if they're crap?": Disney, Lucasfilm and *Star Wars* online fandom in the 21st

Century', *Participations: Journal of Audience and Reception Studies* 10(1), pp. 198–224.

12 該研究還發現，相當多的動漫迷是非二元性別，這代表男性粉絲是少數。這項研究是蕾雅・霍姆斯（Leah Holmes）論文的一部分，她希望將其作爲一本書出版。她目前正在建立一個從網路時代之前到當今的英國動漫迷資料庫。

13 In Daniel Cavicchi, 'Loving music: listeners, entertainments, and the origins of music fandom in nineteenth-century America', in Jonathan Gray, Cornel Sandvoss and Lee Harrington, eds, *Fandom:Identities and communities in a mediated world* (New York University Press, 2017), p. 110.

14 Michael Mirer, Megan Duncan and Michael Wagner (2018), 'Taking it from the team: assessments of bias and credibility in team- operated sports media', *Newspaper Research Journal* 39(4), DOI: 10.1177/0739532918806890. 隔年發表的一篇關於部落主義本質的研究，指出自由主義者與保守主義者面對抱持不同觀點的人們，會展現出程度相似的黨派偏見與偏狹：Cory Clark et al. (2019), 'Tribalism is human nature', Current Directions in *Psychological Science* 28(6), pp. 587–92.

15 在拿破崙之前，法國公民有義務透過稅收、金錢或勞役來服役。有關拿破崙如何組建他的「粉絲軍」的更多詳細資訊，請參閱Rupert Smith, The Utility of Force: *The art of war in the modern world* (Alfred Knopf, 2007), ch. 1.

16 投票者登記資料來自 www.vote.org.

第 2 章　思維團體

1 男孩們不知道的是，這些分配標準是一個詭計：爲了確保各組人數相等，泰菲爾偷偷地隨機分配了他們。

2 Henri Tajfel (1970), 'Experiments in intergroup discrimination', *Scientific American* 223(5), pp. 96–103.

3 以前大多數關於群體衝突的研究都故意在群組之間製造對立。泰菲爾在1970年的論文中提到最著名的實驗之一是Muzafer Sherif 1954年的強盜洞穴實驗（Robber's Cave experiment），此實驗在俄克拉荷馬州的一個夏令營中派出兩支青春期男孩隊參加比賽，並觀察了部落戰爭的發展。有關完整說明，請參閱 http://psychclassics.yorku.ca/Sherif。

4 Michael Billig and Henri Tajfel (1973), 'Social categorization and similarity in intergroup behaviour', *European Journal of Social Psychology* 3, pp. 27–52.

5 Henri Tajfel, *Human Groups and Social Categories* (Cambridge University Press, 1981), p. 234. 泰菲爾在布里斯托大學是一個受歡迎但有爭議的人物。他以

前的學生之一告訴我：「他有一種難以置信的溫暖，且可以自己啓動和關閉。他可以對人很好，也可以對人不光采。他對女性的行爲令人震驚。」他的一些女學生指控他性騷擾。他最近的傳記作者魯柏特‧布朗（Rupert Brown）指出，泰菲爾在他的著作中幾乎從未涉及性別歧視或性別關係。布朗問道：「他的精細調整自己觸角，對準世上有問題的群體間關係，這樣的人卻設法如此徹底忽視了這層最基本的社會隱憂，這難道不引人注目嗎？」參見Rupert Brown, *Henri Tajfel: Explorer of identity and difference* (Routledge, 2020)。

6　在1970年代，泰菲爾和透納發展了「社會認同理論」，以解釋人們如何根據共同的社會認同來定義自己，以及這對群體間行爲的影響。透納後來以這些想法爲基礎，提出了他的「自我歸類理論」（self-categorization theory），該理論更深入探討了人們將自己和他人歸類的認知機制；他有一句名言，即群體行爲之所以成爲可能，是因爲我們有能力承擔共同的社會認同。爲了簡化起見，我將這兩種理論視爲一個統一的理論，通常稱爲「社會認同觀點」。

更多細節請參見Henri Tajfel and John Turner, 'An integrative theory of intergroup conflict', in W. Austin and S. Worchel, eds, *The Social Psychology of Intergroup Relations* (Brooks/Cole, 1979), pp. 33–47; and John Turner et al., *Rediscovering the Social Group: A self-categorization theory* (Blackwell, 1987). 有關社會認同理論與自我分類理論的簡要全面總結，請參見Alexander Haslam et al., 'The social identity perspective today: an overview of its defining ideas', in Tom Postmes and Nyla Branscombe, eds, *Rediscovering Social Identity* (Psychology Press, 2010), pp. 341–56.

7　Henri Tajfel, 'La catégorisation sociale', in S. Moscovici, ed., *Introduction à la Psychologie Sociale,* vol. 1(Larousse, 1972), p. 275.

8　群體界限的跨越也可以相當有彈性：在從事本書的研究時，我遇到了一位流浪者足球俱樂部（Rangers Football Club）的狂熱球迷，他與流浪者隊死敵的賽爾提克隊（Celtics）球迷成爲了好朋友，因爲他們都熱愛麥可‧傑克森的音樂。

9　Tobia Schlager and Ashley Whillans (2022), 'People underestimate the probability of contracting the coronavirus from friends', *Humanities and Social Sciences Communications* 9, article 59.

10　這方面的證據來自腦成像研究，該研究在人們觀看某人被針刺時對其進行了監測。當被刺傷的人是他們的內團體成員（而不是外團體）時，他們大腦中與疼痛和同理心相關的部分的活動（如前扣帶回皮質和前腦島）明顯更高。有關這些研究及其影響的討論，請參閱Marius C. Vollberg and Mina Cikara (2018), 'The neuroscience of intergroup emotion', *Current Opinions in Psychology* 24, pp. 48–52.

11　Jay J. Van Bavel, Dominic J. Packer and William A. Cunningham (2008), 'The neural substrates of in-group bias', *Psychological Science* 19(11), pp. 1131–9.

12 William Graham Sumner, *Folkways: A study of the sociological importance of usages, manners, customs, mores, and morals* (Ginn, 1906), p. 13.

13 有鑑於我們對群體內、群體外偏見的瞭解，以及曼聯和利物浦之間的歷史競爭，我們或許會預測比起慢跑者穿著無品牌球衣時，參與者在對方穿著利物浦球衣時會差別對待，更少協助。但至少在這個場合，偏袒自己的球隊比貶低對手更重要。

14 Mark Levine et al. (2005), 'Identity and emergency intervention: how social group membership and inclusiveness of group boundaries shape helping behavior', *Personality and Social Psychology Bulletin* 31(4), pp. 443–53.

15 *Human Groups and Social Categories*, pp. 1/ 7.

16 Marilynn Brewer and Donald Campbell, *Ethnocentrism and Intergroup Attitudes: East African evidence* (Sage, 1976).

17 Marilynn Brewer, 'Optimal distinctiveness theory: its history and development', in Paul Van Lange, Arie Kruglanski and Tory Higgins, eds, *Handbook of Theories of Social Psychology* (Sage, 2011), p. 83.

18 合作在人類演化中的作用是一個備受爭議的話題。相關最新想法的指引請參閱以下特刊：*Nature Human Behaviour,* published on 9 July 2018: https://www. nature.com/collections/gvmywthghh.

19 瑪麗蓮・布爾也以發展「最佳獨特性理論」（optimal distinctiveness theory）而聞名，該理論以另一種方式解釋人們如何認同群體，指出人類的特性是有兩種相反的需求——屬於一個群體（適應），以及感到足夠獨特（脫穎而出）。我們的社會認同取決於我們如何平衡這兩種需求。無論是在大型集團中還是在孤立中，我們都會感到不舒服，而我們努力加入能夠讓我們避免這兩種情況的團體。這種從個人認知過程（一個人對獨特的需要）來解釋群體身分的嘗試被泰菲爾、透納的社會認同觀點支持者批評，該觀點認為社會認同獨立於個人身分。這場辯論代表了美國的社會心理學方法（個人定義集體）和歐洲方法（社會認同定義個人）之間的持續緊張關係。

20 以下文章可以讀到更多布爾對內團體友愛如何導致外團體仇恨的思考：Marilynn Brewer (1999), 'The psychology of prejudice: ingroup love or outgroup hate?', *Journal of Social Issues* 55(3), pp. 429–44.

21 As recounted by Shankly on Granada TV's afternoon chat show *Live at Two*, 20 May 1981.

22 Nick Hornby, *Fever Pitch* (Victor Gollancz, 1992), pp. 186–7. 該書相關譯文參考麥田出版，貓學步譯《足球熱》，但有部分譯文再次修改以符合本書脈絡。

23 Toby Miller與Alec McHoul 在他們的著作《Popular Culture and Everyday

Life》(Sage, 1998)第三章探討了「分類的我們」的使用方式。有關社會認同觀點如何應用在體育的完整說明，請參見Alexander Haslam, Katrien Fransen and Filip Boen, *The New Psychology of Sport and Exercise: The social identity approach* (Sage, 2020).

24 Martha Newson et al. (2020), 'Devoted fans release more cortisol when watching live soccer matches', *Stress and Health* 36(2), pp. 220–7. 這項研究重複先前 Leander van der Meij 於2010年世界盃的研究：Leander van der Meij et al. (2012), 'Testosterone and cortisol release among Spanish soccer fans watching the 2010 world cup final', *PLOS One* 7(4): e34814. Van der Meij 發現，當人的社會地位受到威脅時，皮質醇和睪固酮的濃度都會上升，後者是遭遇挑戰時釋放的激素。

25 In Martha Newson, Michael Buhrmester and Harvey Whitehouse (2016), 'Explaining lifelong loyalty: the role of identity fusion and self-shaping group events', PLOS One 11(8): e0160427. 紐森對於此項主題的其他論文可參見：https:// www. marthanewson.com/ publications.

26 Daniel Wann et al. (2011), 'What would you do for a championship: willingness to consider acts of desperation among major league baseball fans', in Bruce Geranto, ed., *Sport Psychology* (Nova, 2011), pp. 161–73.

27 Robert Cialdini et al. (1976), 'Basking in reflected glory: three (football) field studies', *Journal of Personality and Social Psychology* 34(3), pp. 366–75.

28 除了文章所提及的名詞外，還有「BIRFing」，意思是「沉浸於反射的失敗」（basking in reflected failure），使球迷在輸球時也能保持中程和友誼；另外還有「CORSing」，意思是「切斷反射的成功」（cutting off reflected success），通常見於獲勝球隊的球迷不贊同球隊的運作方式或背後理念時。請參見Richard Campbell, Damon Aiken and Aubrey Kent (2004), 'Beyond BIRGing and CORFing: continuing the exploration of fan behavior', *Sport Marketing Quarterly* 13, pp. 151–7.

29 *Fever Pitch*, p. 173.

30 Martha Newson, Michael Buhrmester and Harvey Whitehouse (2021), 'United in defeat: shared suffering and group bonding among football fans', Managing Sport and Leisure, https://www. tandfonline.com/doi/full/10.1080/23750472.2020.18 66650. 在隨後的一項研究中，紐森的團隊發現，如果球迷親自參加比賽，而不是僅與一小群人在螢幕上遠端觀看，他們會體驗到更強烈的歸屬感和「心理同步性」（psychological synchrony）：Gabriela Baranowski-Pinto et al. (2022), 'Being in a crowd bonds people via physiological synchrony', *Nature Scientific Reports* 12:613, https://doi.org/10.1038/s41598-021-04548-2.

31 Gozde Ikizer (2014), 'Factors related to psychological resilience among survivors of the earthquakes in Van, Turkey', PhD thesis, Graduate School of Social Sciences, Middle East Technical University, Ankara.

32 部分細節已於本書作者的其他著作中發表：Michael Bond, 'The secrets of extraordinary survivors', *BBC Future*, 14 August 2015，可見於：https:// www. bbc.com/ future/ article/ 20150813-the-secrets-of-extraordinary-survivors.

33 Stepan Jurajda and Tomas Jelinek (2019), 'Surviving Auschwitz with pre-existing social ties', CERGE-EI Working Paper Series no. 646.

34 See Dora Costa and Matthew Kahn (2007), 'Surviving Andersonville: the benefits of social networks in POW camps', *The American Economic Review* 97(4), pp. 1467–87.

35 Metin Basoglu et al. (1997), 'Psychological preparedness for trauma as a protective factor in survivors of torture', *Psychological Medicine* 27(6), pp. 1421–33.

36 Alexander Haslam et al. (2005), 'Taking the strain: social identity, social support, and the experience of stress', *British Journal of Social Psychology* 44, pp. 355–70.

37 James Rubin et al. (2005), 'Psychological and behavioural reactions to the bombings in London on 7 July 2005: cross sectional survey of a representative sample of Londoners', *British Medical Journal* 331:606.

38 「社會治癒」一詞是由心理學家Alexander Haslam, Catherine Haslam及Jolanda Jetten創造的。有關深入討論，請參閱Catherine Haslam, Jolanda Jetten, Tegan Cruwys, Genevieve Dingle and Alexander Haslam, *The New Psychology of Health: Unlocking the social cure* (Routledge, 2018)。

39 Julianne Holt-Lunstad, Timothy Smith and Bradley Layton (2010), 'Social relationships and mortality risk: a meta-analytic review', *PLOS Medicine* 7(7): e1000316.

40 Tegan Cruwys et al. (2014), 'Depression and social identity: an integrative review', *Personality and Social Psychology Review* 18(3), pp. 215–38。心理學家發現，社會認同和健康會產生「愈多愈好」效應：一個人認同的群體越多，對他們的健康和自尊的影響就越大。對健康來說，你所認同的群體數量比這些群體中的人際關係數量更重要（但這些關係的品質是最重要的）。有關多組成員身分的更多資訊，請參閱Jolanda Jetten et al. (2015), 'Having a lot of a good thing: multiple important group memberships as a source of self-esteem', *PLOS One* 10(5): e0124609。

41 在一項實驗室實驗中，心理學家Jan Hausser指出，其他人的存在可以降低一個人完成壓力任務後的皮質醇濃度，但前提是那人將其他人視為內團體的一部分（即，如果他們有共同的社會認同）。Jan Hausser et al. (2012), '"We" are not stressed: social identity in groups buffers neuroendocrine stress reactions', Journal of Experimental Social Psychology 48, pp. 973–7.

42 有關丹尼爾‧瓦恩之研究的更多細節，請參見 Daniel Wann and Jeffrey James, *Sports Fans: The psychology and social impact of fandom*, second edition

(Taylor and Francis, 2019).

43   Patricia Obst, Lucy Zinkiewicz and Sandy Smith (2002), 'Sense of community in science fiction fandom, part 2: comparing neighbourhood and interest group sense of community', *Journal of Community Psychology* 30(1), pp. 105–17. 研究結果重現於Daniel Chadborn, Patrick Edwards and Stephen Reysen (2016), 'Reexamining differences between fandom and local sense of community', *Psychology of Popular Media Culture* 7(3), pp. 241–9.

44   *The Posters Came from the Walls*, directed by Jeremy Deller and Nicholas Abrahams (1988).

45   Henry Jenkins (1988), 'Star Trek rerun, reread, rewritten: fan writing as textual poaching', *Critical Studies in Mass Communication* 5(2), p. 87.

46   Bri Mattia (2018), 'Rainbow direction and fan-based citizenship performance', *Transformative Works and Cultures* 28, special 10th anniversary issue, available at http:// dx.doi.org/ 10.3983/ twc.2018.1414.

47   Available at https:// catapult.co/ stories/ french-cartoon-led-to-fandom-and-friendship-miraculous-ladybug-loneliness-priyanka-bose.

第 3 章　虛構的朋友

1   細節出自Richard Lancelyn Green, ed., *Letters to Sherlock Holmes: A selection of the most interesting and entertaining of the letters written to the world's most famous detective* (Penguin, 1985). 關於福爾摩斯粉的更多信件，請參見Tom Ue and Jonathan Cranfield, eds, *Fan Phenomena: Sherlock Holmes* (Intellect Books, 2014), pp. 70–2.

2   來自倫敦夏洛克・福爾摩斯博物館2016年的收藏。夏洛克・福爾摩斯激勵了世界各地的大量粉絲活動，數百個俱樂部和社團投入他的冒險，以及對原著的多種電視、電影、廣播和戲劇改編。

3   Donald Horton and Richard Wohl (1956), 'Mass communication and para-social interaction', *Psychiatry* 19(3), pp. 215–29.

4   See Tilo Hartmann, 'Parasocial interaction, parasocial relationships, and well-being', in Leonard Reinecke and Mary Beth Oliver, eds, *The Routledge Handbook of Media Use and Well-Being* (Routledge, 2017); and Randi Shedlosky-Shoemaker, Kristi Costabile and Robert Arkin (2014), 'Self-expansion through fictional characters', *Self and Identity* 13(5), pp. 556–78.

5   Donald Horton and Richard Wohl (1956).

6   Jonathan Cohen (2004), 'Parasocial break-up from favorite television characters: the role of attachment styles and relationship intensity', *Journal of Social and*

Personal Relationships 21(2), pp. 187–202.

7   Jonathan Cohen (2004).

8   Wendi Gardner, Cynthia Pickett and Megan Knowles, 'Social snacking and shielding: using social symbols, selves, and surrogates in the service of belonging needs', in Kipling Williams, Joseph Forgas and William von Hippel, eds, *The Social Outcast: Ostracism, social exclusion, rejection, and bullying* (Psychology Press, 2005), pp. 227–41.

休士頓大學（University of Houston）的Meisam Vahedi發現，宗教人士可以通過關注串珠和玫瑰念珠等祈禱物品來達到同樣的效果。對他們來說，上帝是一個依戀對象（attachment figure），沉思神性可以幫助他們防止社會排斥的心理影響。Meisam Vahedi (2019), 'Prayer objects provide the experience of belonging', unpublished thesis. 摘要請見： https://uh-ir.tdl.org/handle/10657/5350.

9   爲什麼人們能從虛構關係中獲得的好處竟如此之多，這是個謎團。怎麼可能？一種可能性是他根本不認爲它們是虛構的。2008年，諾爾斯和一位同事詢問了200名大學生投入各種電視連續劇的情況，包括《六人行》、《慾望城市》和《辦公室風雲》等熱門情景喜劇，以及《實習醫生》和《反恐24小時》等電視劇。研究人員想知道學生在如何情感和理智上與角色建立聯繫。最引人注目的發現是，他們把自己最喜歡的角色（比如《六人行》中的Phoebe）看得比其他人更「眞實」（Rachel、Monica、Chandler、Ross和Joey請退下）。他們認爲對方是眞實的人，具有複雜的人類情感和認知特質。Wendi Gardner and Megan Knowles (2008), 'Love makes you real: favorite television characters are perceived as "real" in a social facilitation paradigm', *Social Cognition* 26(2), pp. 156–68.

10   Megan Knowles and Wendi Gardner (2012), '"I'll be there for you. . ." Favorite television characters as social surrogates', unpublished study.
　　社交替身還被發現可以協助過去有創傷的人感到更多的社會聯繫。矛盾的是，其實有創傷後壓力症候群的創傷受害者在使用社交替身時感覺會更糟。這些發現發表於：Shira Gabriel et al. (2017), 'Social surrogate use in those exposed to trauma: I get by with a little help from my (fictional) friends', *Journal of Social and Clinical Psychology* 36(1), pp. 41–63。

11   Jaye Derrick, Shira Gabriel and Kurt Hugenberg (2009), 'Social surrogacy: how favored television programs provide the experience of belonging', *Journal of Experimental Social Psychology* 45, pp. 352–62.

12   Maggie Britton et al. (2020), 'Social surrogacy moderates the relationship between perceived partner responsiveness and smoking outcomes', poster presentation, University of Houston.

13   不可避免地，每個人與同一個角色建立聯繫的方式不盡相同。這種差異可能部分是由文化造成的。2011年，一項針對墨西哥和德國哈利波特粉的

研究，發現每個人都通過自己的文化視角來詮釋這個角色。墨西哥粉絲的文化具有強烈的集體主義色彩，他們認為這個角色比德國粉絲認為的更善於交際，而德國粉絲的文化更加個人主義。Hannah Schmid and Christoph Klimmt (2011), 'A magically nice guy: parasocial relationships with Harry Potter across different cultures', *The International Communication Gazette* 73(3), pp. 252–69.

眾所周知，文化以及知識、經驗和其他影響會塑造我們如何解釋或記憶故事。最早證明這一點的人之一是二十世紀初的社會心理學家Frederic Bartlett。當他讓一群英國學生轉述一個美洲原住民的童話故事時，學生會修改故事，使其更符合自身的文化背景和態度。Frederic Bartlett, *Remembering: A study in experimental and social psychology* (Cambridge University Press, 1932).

14 有關閱讀小說如何讓大腦模擬假設場景的神經科學解釋，請參閱Diana Tamir et al. (2016), 'Reading fiction and reading minds: the role of simulation in the default network', *Social Cognitive and Affective Neuroscience* 11(2), pp. 215–24。

15 有關人們與虛構人物關係的最新心理學探索，請參閱以下論文集：Karen Shackleford, ed., *Real Characters: The psychology of parasocial relationships with media characters* (Fielding University Press, 2020)。

16 雖然cosplay的傳統始於 1960 年代的美國，但「cosplay」一詞是由日本遊戲設計師高橋信之在1980年代創造的。

17 Henry Jenkins (2012), 'Superpowered fans: the many worlds of San Diego's Comic-Con', *Boom: A Journal of California* 2(2), pp. 22–36.

18 對有些人被自己的陰暗面所吸引的傾向，以下文章有相關探討：Rebecca Krause and Derek Rucker (2020), 'Can good be bad? The attraction of a darker self', Psychological Science 31(5), pp. 518–30。

19 Robin Rosenberg and Andrea Letamendi (2013), 'Expressions of fandom: findings from a psychological survey of cosplay and costume wear', *Intensities: The Journal of Cult Media* 5, pp. 9–18.

20 Robin Rosenberg and Andrea Letamendi (2018), 'Personality, behavioral, and social heterogeneity within the cosplay community', *Transformative Works and Cultures* 28, special 10th anniversary issue, available at http://dx.doi.org/10.3983/twc.2018.1535.

21 IARP 發表了數十篇經同儕審查的文章、書籍章節和研討會論文，皆可在其網站上查閱：https://furscience.com。本章中關於獸迷的大部分數據來自IARP。

22 See Courtney Plante et al. (2018), 'Letters from Equestria: prosocial media, helping, and empathy in fans of *My Little Pony*', *Communication and Culture Online* 9, pp. 206–20. 有關更多資訊及其他研究發現，請參見Patrick Edwards

et al., *Meet the Bronies: The psychology of the adult My Little Pony fandom* (McFarland, 2019). 更進一步的發表內容可見「Brony Research Project」網站：https://sites.google.com/view/bronystudyresearch/home.

23 這反映了心理學界中人格心理學家（研究個人特質）和社會心理學家（研究人們在社會環境中的行爲方式）的歷史辯論。人格心理學家（主要位於美國）傾向於認爲人格在整個生命週期和各種情況下都是穩定的，而社會心理學家（主要位於歐洲）認爲人格是流動的，取決於一個人的哪個認同在當時最明顯或最「突出」。

24 Stephen Reysen et al. (2015), 'A social identity perspective of personality differences between fan and non-fan identities', *World Journal of Social Science Research* 2(1), pp. 91–103.

25 《格雷的五十道陰影》一開始是名爲《宇宙中的主人們》（Masters of the Universe）的《暮光之城》同人小說；而《夢迴藻海》則是以女性主義、反殖民主義的方式回應夏洛蒂 勃朗特的《簡愛》。

26 這些例子來自David Brewer, *The Afterlife of Character, 1726–1825*(University of Pennsylvania Press, 2005).

27 更多細節請參見Ann McClellan, *Sherlock's World: Fan fiction and the reimagining of BBC's* Sherlock (University of Iowa Press, 2018); and Tom Ue and Jonathan Cranfield, eds, *Fan Phenomena: Sherlock Holmes* (Intellect Books, 2014).

28 https://archiveofourown.org.

29 'Am I the asshole for dueling my friend?', by earsXfeet6669, published on Archive of Our Own.

30 'A house full of ghosts', by opheliasnettles, published on Archive of Our Own.

31 更多哈利波特同人小說的資訊請，請參見Catherine Tosenberger (2008), 'Homosexuality at the online Hogwarts: Harry Potter slash fanfiction', *Children's Literature* 36, pp. 185–207.

32 此數據來自對2013年AO3普查數據的分析，可在此處獲得：https://archiveofourown.org/works/16988199?view_full_work=true 。更近期一項針對AO3上哈利波特粉的研究估計有50～75%的人自認爲女性，這代表高度參與的粉絲群體的人口統計數據可能正在發生變化：Jennifer Duggan (2020), 'Who writes Harry Potter fan fiction? Passionate detachment, "zooming out," and fan fiction paratexts on AO3', Transformative Works and Cultures 34, special 10th anniversary issue, available at https://journal.transformativeworks.org/index.php/twc/article/view/1863/259 。

33 關於此議題的更進一步分析，請參見Elizabeth Minkel, 'Why it doesn't matter what Benedict Cumberbatch thinks of Sherlock fan fiction', New Statesman, 17 October 2014. Available here: https://www.newstatesman.com/culture/2014/10/

why-it-doesn-t-matter-what-benedict-cumberbatch-thinks-sherlock-fan-fiction.

34 在2013年AO3普查數據中，只有不到30%的受訪者認為自己是異性戀，只有4%的受訪者是男性：https://archiveofourown.org/works/16988199?view_full_work=true 。在Jennifer Duggan對哈利波特粉絲的分析（2020）中，35%的人自述為酷兒或同性戀，29%的人自述為泛性戀或雙性戀。

35 From Lev Grossman's forward to Fic: *Why fanfiction is taking over the world*, by Anne Jamison (Smart Pop /BenBella Books, 2013).

36 Available on Archive of Our Own at https://archiveofourown.org/works/10655448/chapters/23579739.

37 Available on Archive of Our Own at https://archiveofourown.org/works/5870761/chapters/13552171.

38 Available on Archive of Our Own at https://archiveofourown.org/works/121330.

39 關於同人小說作家的擬社會關係更進一步的討論，包括對此議題欠缺研究的說明，請參見Jennifer Barnes (2015), 'Fanfiction as imaginary play: what fan-written stories can tell us about the cognitive science of fiction', *Poetics* 48, pp. 69–82.

40 https://improbablepress.co.uk.

41 艾特琳‧梅里克的福爾摩斯小說可在AO3上閱讀：https://archiveofourown.org/works/875175/ chapters/1681916. 她的書有*The Night They Met* (Clan Destine Press, 2015) 以及*The Day They Met* (MX Publishing, 2015),以筆名 Wendy C. Fries發表。

第4章　追星之旅

1 Homer, *The Iliad*, translated by Robert Fagles (Penguin, 1991): 22.346.

2 有關這些古典英雄的生平細節，可參見Seth Schein, *The Mortal Hero: An introduction to Homer's Iliad* (University of California Press, 1985); and Gregory Nagy, *The Ancient Greek Hero in 24 Hours* (Belknap Press, 2013).

3 班杜拉後來將他的理論重新命名為「社會認知理論」。完整解析請參見 Albert Bandura, *Social Foundations of Thought and Action: A social cognitive theory* (Prentice-Hall, 1986).

4 有些心理學家質疑人格在人們受公眾人物吸引時的重要性，不過有證據足以證明這一點。如以下論文：Gayle Stever (1991), 'Imaginary social relationships and personality correlates: the case of Michael Jackson and his fans', Journal of Psychological Type 21, pp. 68–76; 以及 David Greenberg et al. (2020), 'The self-congruity effect of music', *Journal of Personality and Social Psychology* 121(1), pp. 137–50.

5　對於Stever的方法學之完整解釋，請參見Gayle Stever (2019), 'Fan studies in psychology: a road less traveled', *Transformative Works and Cultures 30*, available at https://doi. org/10.3983/twc.2019.1641.

6　Gayle Stever (1991).

7　For more on how simulating others can change aspects of the self, see Jaye Derrick, Shira Gabriel and Brooke Tippin (2008), 'Parasocial relationships and self-discrepancies: faux relationships have benefits for low self-esteem individuals', *Personal Relationships* 15, pp. 261–280; and Meghan Meyer, Zidong Zhao and Diana Tamir (2019), 'Simulating other people changes the self', *Journal of Experimental Psychology: General* 148(11), pp. 1898–913.

8　Riva Tukachinsky and Sybilla Dorros (2018), 'Parasocial romantic relationships, romantic beliefs, and relationship outcomes in US adolescents: rehearsing love or setting oneself up to fail?', *Journal of Children and Media* 12(3), pp. 329–45。圖卡欽斯基發現，擬社會戀愛關係，即一個人在愛或性方面受到名人或角色吸引，出人意料地普遍：在566人的樣本中，60%的人報告說他們至少有一段此類關係。有關她在這方面成果的更多資訊，請參閱 Riva Tukachinsky Forster, *Parasocial Romantic Relationships: Falling in love with media figures* (Lexington, 2021)。

9　這位受訪者不願透露姓名。

10　更多有關領導與追隨的社會心理學，請參閱Alexander Haslam and Stephen Reicher (2016), 'Rethinking the psychology of leadership: from personal identity to social identity', *Daedalus, the Journal of the American Academy of Arts and Sciences* 145(3), pp. 21–34; and Alexander Haslam, Stephen Reicher and Michael Platow, *The New Psychology of Leadership: Identity, influence and power* (Psychology Press, 2011).

11　David Foster Wallace, 'Roger Federer as religious experience', *New York Times*, 20 August 2006. Available here: https://www.nytimes. com/2006/08/20/sports/playmagazine/20federer.html.

12　這些細節摘自Margaret Farrand Thorpe, *America at the Movies* (Yale University Press, 1939), pp. 96–7.。本書第五章將探討爲何名人的私人物品如此受粉絲追捧。

13　本段的引言皆摘自他們的研究素材，發布於Fred and Judy Vermorel, *Starlust: The secret life of fans* (W. H. Allen, 1985).

14　Fred and Judy Vermorel, *Starlust: The secret life of fans* (W. H. Allen, 1985), afterword.

15　In Lisa Lewis, ed., *The Adoring Audience: Fan culture and popular media* (Routledge, 1992), p. 128.

16　Data via email from Graceland: The Home of Elvis Presley, www.graceland.com.

17 From Benson Fraser and William Brown (2002), 'Media, celebrities and social influence: identification with Elvis Presley', *Mass Communication and Society* 5(2), pp. 183–206.

18 可到班‧湯普森的個人網站進一步了解他的貓王表演：https://www. benthompsonaselvis.com.

19 對於貓王重演者與粉絲的進一步分析，請參閱Benson Fraser and William Brown (2002); also Mark Duffett (1998), 'Understanding Elvis: Presley, power and performance', unpublished PhD thesis, University of Wales, ch. 7, available at https://ethos.bl.uk/OrderDetails.do?uin=uk.bl.ethos.343561.

20 披頭四集會的表演可在以下網址預約：https://thebeatlessessions.nl。他們不同於與披頭四樂隊，是五人樂隊，以確保他們可以錄製現場表演歌曲。

21 In an article for the *Daily Mirror*.

22 唐‧肖特與披頭四樂隊成爲好朋友，並陪伴他們參加所有巡演，最終於 1970年4月9日宣布他們解散的消息。要說明他的職業生涯多麼非凡，除 了披頭四樂隊之外，他還探訪並結識了從貓王到穆罕默德‧阿里等眾多 名人，請參閱他的著作*The Beatles and Beyond: The memoirs of Don Short* (Wymer Publishing, 2020).。

23 Paul Johnson, 'The menace of Beatlism', *New Statesman,* February 1964, available here: https://www.newstatesman.com/culture/2014/08/archive-men-ace-beatlism 。不過政府中並非每個人都觀點相同。在同一篇文章中，約翰 遜批評政府部長William Deedes，因爲後者說披頭四樂隊「預示著年輕人的 文化運動，這可能成爲我們這個時代歷史的一部分。對於親眼見證的人來 說，此時正在發生一些重要而令人振奮的事情。」

24 Barbara Ehrenreich, Elizabeth Hess and Gloria Jacobs, 'Beatlemania: girls just want to have fun', in Lisa Lewis, ed., *The Adoring Audience: Fan culture and popular media* (Routledge, 1992), pp. 103–4.

25 Jonathan Heaf, 'This One Direction interview got us death threats', British GQ, September 2013, available here: https://www. gq-magazine.co.uk/article/one-direction-gq-covers-interview.

26 Mark Duffett, 'I scream therefore I fan? Music audiences and affective citizenship', in Jonathan Gray, Cornell Sandvoss and Lee Harrington, eds, *Fandom: Identities and communities in a mediated world*, 2nd edition (NYU Press, 2017), pp. 143–56.

27 Kaitlyn Tiffany, *Everything I Need I Get From You: How fangirls created the internet as we know it* (MCD x FSG Originals, 2022), p. 48.

28 *The Beatles Anthology* television documentary series, 1995, disc 2, episode 4.

29 Cameron Crowe, 'Harry Styles' new direction', *Rolling Stone*, 18 April 2017, available here: https://www.rollingstone.com/feature/harry-styles-new-

direction-119432/.

30 Dave Garroway as told to Joe Alex Morris, 'I lead a goofy life', *The Saturday Evening Post*, 11February 1956, p. 62.

31 In Kaitlyn Tiffany, 'I love you Jake Gyllenhaal', *The Verge*, 3 November 2017, available here: https://www.theverge. com/2017/11/3/16576850/jake-gyllenhaal-newsletter-fandom-fans-essay

32 Kaitlyn Tiffany, 'Does Jake Gyllenhaal know I'm in this room?', *Medium*, 22 September 2018, available here: https://medium.com/@ kait.tiffany/does-jake-gyllenhaal-know-im-in-this-room-d7de57d3fec2.

33 Fred and Judy Vermorel, Starlust: *The secret life of fans* (W. H. Allen, 1985).

34 *Starlust.*

35 Nancy Baym, *Playing to the Crowd: Musicians, audiences, and the intimate work of connection* (New York University Press, 2018).

36 更多細節請參閱Bradley Bond (2016), 'Following your "friend": social media and the strength of adolescents' parasocial relationships with media personae', *Cyberpsychology, Behavior, and Social Networking* 19(11), pp. 656–60.

37 一開始叫做名人崇拜量表（Celebrity Worship Scale）。

38 Lynn McCutcheon, Rense Lange and James Houran (2002), 'Conceptualization and measurement of celebrity worship', *British Journal of Psychology* 93, pp. 67–87; and John Maltby et al. (2002), 'Thou shalt worship no other gods – unless they are celebrities: the relationship between celebrity worship and religious orientation', *Personality and Individual Differences* 32, pp. 1157–72.

39 John Maltby et al. (2006), 'Extreme celebrity worship, fantasy proneness and dissociation: developing the measurement and understanding of celebrity worship within a clinical personality context', *Personality and Individual Differences* 40, pp. 273-83; and Agnes Zsila, Lynn McCutcheon and Zsolt Demetrovics (2018), 'The association of celebrity worship with problematic internet use, maladaptive daydreaming, and desire for fame', *Journal of Behavioral Addictions* 7(3), pp. 654–64.

40 有證據顯示，具有某些人格特質（例如神經質）的人可能更容易出現這種行為。請參見John Maltby, Lynn McCutcheon and Robert Lowinger (2011), 'Brief report: celebrity worshipers and the five-factor model of personality', *North American Journal of Psychology* 13(2), pp. 343–8。

41 Louis Schlesinger (2006), 'Celebrity stalking, homicide, and suicide', *International Journal of Offender Therapy and Comparative Criminology* 50(1), pp. 39–46.

42 Lindsay Baker, 'Norse code', *Guardian Weekend, 27* September 1997.

43 Lily Allen, *My Thoughts Exactly* (Blink Publishing, 2018), p. 300.

44 可於下列網址收聽Lizzyspit的樂曲：https://soundcloud. com/lizzyspit.

第 5 章　關於珍的事

1 《諾桑覺寺》和《勸服》。

2 Jane Austen, *Northanger Abbey* (Little, Brown, 1903), p. 90. 本書相關譯文參考木馬文化出版，李佳純譯《諾桑覺寺》。

3 英國史上的喬治王朝從1714年持續到1837年左右；珍‧奧斯汀所處的攝政時期涵蓋了該王朝的最後部分，始於1795年，喬治四世於喬治三世生病期間攝政。

4 「珍迷」一詞是由文學學者George Saintsbury在1894年版《傲慢與偏見》的序言中創造的。那時的珍迷也被稱爲奧斯汀派。

5 珍‧奧斯汀的死因一直備受爭議。最新的診斷是全身性紅斑性狼瘡，來自倫敦聖湯瑪斯醫院（St Thomas' Hospital）的名譽顧問邁克爾‧桑德斯和伊莉莎白‧格拉罕（Elizabeth Graham）對她遺留信件中醫療資訊的詳細審查。Michael Saunders and Elizabeth Graham (2021), '"Black and white and every wrong colour": the medical history of Jane Austen and the possibility of systemic lupus erythematosus', *Lupus* 30(4), pp. 549–53。

6 James Edward Austen-Leigh, *A Memoir of Jane Austen*, 2nd edition (Richard Bentley, 1871).

7 *A Memoir of Jane Austen,* pp. 2, 87。

8 Leslie Stephen (1876), 'Humour', *Cornhill Magazine xxxiii*, pp. 318–26.

9 Reginald Farrer (1917), 'Jane Austen – ob. July 18, 1817', *The Quarterly Review* 228(452), pp. 1–30.

10 吉卜林的故事於1924年5月在多本雜誌上發表，亦見於下列網址：http://www.telelib.com/authors/K/KiplingRudyard/prose/DebtsandCredits/janeites.html

11 http://laughingwithlizzie.blogspot.com.

12 Sophie Andrews, *Be More Jane: Bring out your inner Austen to meet life's challenges* (Cico Books, 2019).

13 Deborah Yaffe, *Among the Janeites: A journey through the world of Jane Austen fandom* (Mariner Books, 2013), pp. 225–6.

14 D. W. Harding (1939), 'Regulated hatred: an aspect of the work of Jane Austen', in Monica Lawlor, ed., *Regulated Hatred and Other Essays on Jane Austen* (Bloomsbury, 1998).

15 Jane Austen, *Pride and Prejudice* (Purnell, 1977), p. 13. 譯文參考時報出版，許佳譯，《傲慢與偏見》。

16　喜歡珍‧奧斯汀社會評論的珍迷會在她的「年少作品」中找到很多值得品味的地方，這是她在12歲到16歲之間寫的戲劇、短篇小說和沉思集。通常只有最忠誠的珍迷才會閱讀，其中包含她最活潑的一些社會評論。

17　Helen Fielding, *Bridget Jones's Diary* (Picador, 1996).

18　Seth Grahame-Smith, *Pride and Prejudice and Zombies* (Quirk, 2009).

19　Seth Grahame-Smith quoted in Liz Goodwin, 'Monsters vs. Jane Austen', *The Daily Beast*, 31March 2009, available at http://www. thedailybeast.com/ articles/2009/03/31/monsters-vs-jane-austen. html.

20　https://austenprose.com/.

21　Abigail Reynolds, *What Would Mr Darcy Do?*(Sourcebooks, 2011).

22　Brenda J. Webb, *Mr Darcy's Forbidden Love* (CreateSpace, 2012).

23　Amanda Grange, M*r Darcy, Vampyre* (Sourcebooks, 2009).

24　Caitlin Marie Carrington, *Snowbound with Darcy* (Caitlin Marie Carrington, 2018).

25　Enid Wilson, *My Darcy Vibrates . . .* (Steamy D, 2011).

26　Sarah Roberts et al. (2010), 'Darcin: a male pheromone that stimulates female memory and sexual attraction to an individual male's odour', *BMC Biology* 8, article 75.

27　源自Holly Luetkenhaus and Zoe Weinstein, Austentatious: *The evolving world of Jane Austen fans* (University of Iowa Press, 2019), ch. 5.。這篇同人小說發表於AO3上，但現已無法閱讀。

28　關於珍‧奧斯汀小說中種族與多元性的更多討論，請參閱 'Beyond the bit of ivory', a special edition of *Persuasions* 41(2), summer 2021, available at https:// jasna.org/publications-2/persuasions-online/volume-41-no-2.

29　Constance Hill, Jane Austen: *Her homes and her friends* (John Lane, 1902), p. 14.

30　Francis Darwin, *Rustic Sounds and Other Studies in Literature and Natural History* (John Murray, 1917), pp. 76–7. This reference and the reference to Lord Tennyson are sourced from Peter Graham (2004), 'Why Lyme Regis?', *Persuasions* 26, pp. 27–40.

31　關於埃布索普以及其他與珍‧奧斯汀相關的莊園細節，請參閱Nigel Nicolson, *The World of Jane Austen* (Weidenfeld & Nicolson, 1991).

32　珍‧奧斯汀時代的壁紙由以下公司爲博物館印製：Bruce Fine Papers of North Hykeham, Lincolnshire (http://www. brucefinepapers.com) 並由以下公司提供：Hamilton Weston Wallpapers of London (https://hamiltonweston.com).

33　Nicola Watson, 'Austen at her desk', The Literary Tourist blog, 5 February 2014, http://www.open.ac.uk/blogs/literarytourist/?p=89. See also Nicola Watson, *The Literary Tourist: Readers and places in Romantic and Victorian Britain* (Palgrave

Macmillan, 2006).

34　Constance Hill, Jane Austen, p. 172. For a good analysis of how lovers of Austen have interpreted her legacy, see Claudia Johnson, *Jane Austen's Cults and Cultures* (University of Chicago Press, 2012).

35　George Newman and Paul Bloom (2014), 'Physical contact influences how much people pay at celebrity auctions', *PNAS* 111(10), pp. 3705–8。研究人員發現，感染效應對那些被認為道德低下的名人可能不起作用；在這種情況下，被認為與名譽掃地的金融家伯納德‧麥道夫（Bernard Madoff）有物理接觸的物品並無溢價市場。不過這無法解釋為什麼與連環殺手和其他罪犯有關的物品市場如此強大，正如我們將在本書的最後一章中所見。

　　有關心理感染性的更多見解，請參閱紐曼與布倫的先前論文：George Newman, Gil Diesendruck and Paul Bloom (2011), 'Celebrity contagion and the value of objects', *Journal of Consumer Research* 38(2), pp. 215–28; 以及Kristan Marchak and Geoffrey Hall (2017), 'Transforming celebrity objects: implications for an account of psychological contagion', *Journal of Cognition and Culture* 17, pp. 51–72.。

第 6 章　動物心靈

1　「獸人」（therianthropy）一詞源自希臘語，意為「野獸」和「人類」。「獸魂者」（Therian）是「therianthrope」的縮寫形式。

2　有一位阿拉巴馬州的社會心理學家進行一項尚未發表的問卷調查，僅基於該州的的情況下，估計獸魂者人佔總人口的0.03%，即萬分之三。來自2020 年 8 月 4 日對 Wolf VanZandt 的採訪。

3　本章中所有獸魂者都隱藏真實姓名，以保護其身分。

4　在日本，對於人被狐附身的信仰被稱為狐狸附身（狐憑き）。它似乎是在特定文化中的狀況；一些精神科醫生認為這是一種類似於狼化妄想症的精神狀況。

5　對於獸魂者群體中幻肢和其他獸人經歷的調查數據，請參見 Courtney Plante, Stephen Reysen, Sharon Roberts and Kathleen Gerbasi, *Fur Science! A summary of five years of research from the International Anthropomorphic Research Project* (FurScience, 2016), p. 116. 有關IARP研究的更多相關資訊可在以下網址獲得：https://furscience.com 。

6　Ronald Melzack (1992), 'Phantom limbs', *Scientific American* 266(4), pp. 120–6. 。對此議題更進一步的研究，可參閱Peter Halligan (2002), 'Phantom limbs: the body in mind', *Cognitive Neuropsychiatry* 7(3), pp. 251–68; and Peter Brugger (2000), 'Beyond re-membering: phantom sensations of congenitally absent limbs', *PNAS* 97(11), pp. 6167–72.

7 Devin Proctor (2019), 'On Being Non-Human: Otherkin Identification and Virtual Space', graduate dissertation submitted to the Columbian College of Arts and Sciences, George Washington University.

8 Paul Keck et al. (1988), 'Lycanthropy: alive and well in the twentieth century', *Psychological Medicine* 18(1), pp. 113–20.

9 Helen Thomson, *Unthinkable: An Extraordinary Journey through the World's Strangest Brains* (John Murray, 2018), ch. 6.

10 Helen Clegg, Roz Collings and Elizabeth Roxburgh (2019), 'Therianthropy: wellbeing, schizotypy, and autism in individuals who self-identify as non-human', *Society and Animals* 27, pp. 403–26。在另一項研究中，杜肯大學（Duquesne University）的心理學家伊莉莎白・費恩發現，獸迷粉絲圈中自閉症的發生率介於5～15%。有趣的是，她認爲獸魂者（其中也有部分爲獸迷）的發生率可能相近，儘管在沒有更多數據的情況下無法確定。

11 更多關於思覺失調特質的健康表現，請參閱Christine Mohr and Gordon Claridge (2015), 'Schizotypy – do not worry, it is not all worrisome', *Schizophrenia Bulletin* 41(2), pp. S436– S443.

12 潔芭希和費恩於以下著作中，針對他們與獸魂者社群共事的成果提出有用的分析：Kathleen Gerbasi and Elizabeth Fein, 'Furries, therians and otherkin, oh my! What do all those words mean anyway?', in Thurston Howl, ed., *Furries Among Us 2: More essays on furries by furries* (Thurston Howl Publications, 2017), pp. 162–76.

13 The New King James version, chapter 1, verse 28. 中文譯文參照1988年新標點和合本，神版，CUNP。

14 In René *Descartes, Discourse on the Method* (1637).

15 若想閱讀更多有關人與動物互動的歷史和科學，有兩本著作值得推薦：Margo DeMello, Animals and Society: *An introduction to human–animal studies* (Columbia University Press, 2012); and Samantha Hurn, *Humans and Other Animals: Cross-cultural perspectives on human–animal interactives* (Pluto Press, 2012)。

16 Quoted in Daniel Brinton (1894), 'Nagualism: a study in Native American folklore and history', read before the American Philosophical Society, 5 January 1894.

17 本段落部分內容摘自John Kachuba, *Shapeshifters: A history* (Reaktion Books, 2019)，本書是關於形態轉換民間傳說之文化歷史的極佳資訊來源。

18 Thomas Thwaites, *Goat Man: How I Took a Holiday from Being Human* (Princeton Architectural Press, 2016), p. 169（按：此處書名參考2015年維多魚，〈當人太累 英設計師挑戰當羊3天〉：https://dq.yam.com/post/4744 ）。差不多同一時間，醫學倫理學講師查理斯・佛斯特（Charles Foster）嘗試

像獾、狐狸、水獺、鹿和其他動物一樣生活，相關敘述請見Charles Foster, *Being a Beast* (Profile Books, 2016)（按：本書亦有中文版《變身野獸：不當人類的生存練習》）。

19 來自與湯瑪斯・思韋茨的訪談，發表於：*Guardian*, 15 May 2016. 可參見：https://www.theguardian. com/science/shortcuts/2016/may/15/no-kidding-what-learned-from-becoming-goatman.

20 這可能是越戰退伍軍人罹患創傷後壓力症候群比率很高的原因。請參見 Karestan Koenen et al. (2003), 'Risk factors for course of posttraumatic stress disorder among Vietnam veterans: a 14-year follow-up of American Legionnaires', *Journal of Consulting and Clinical Psychology* 71(6), pp. 980–6. 以及 Elisa Bolton (2002), 'The impact of homecoming reception on the adaptation of peacekeepers following deployment', *Military Psychology* 14, pp. 241–51。

21 心理學家海倫・克列格認為，若獸魂者具有正面刻板印象的獸型——例如貓科動物和犬科動物，通常被視為雄偉、可愛、忠誠、勇敢等——可能會發現在更廣泛的社群中更容易適應，也感到更容易獲得接納。她在一封電子郵件中解釋：「作為一種受到社會正面評價的動物，讓他們更能接受自身的獸魂者身分。」這符合先前的心理學研究，相關研究顯示，正面和負面的刻板印象會對人們的健康產生重大影響。Helen Clegg, Roz Collings and Elizabeth Roxburgh (2019), p. 421。

22 最近在一個獸人論壇上進行的一項調查中，大約35%的受訪者表示動物對其有性吸引力。在這35%的人中，大多數人都被自身獸型的動物所吸引。

23 認同弱勢群體可以改善心理健康的想法在心理學中被稱為「拒絕—認同模型」（rejection–identification model）。關於進一步的解釋，請參見Michael Schmitt and Nyla Branscombe, 'The meaning and consequences of perceived discrimination in disadvantaged and privileged social groups', in Wolfgang Stroebe and Miles Hewstone, eds, *European Review of Social Psychology* (John Wiley, 2002), ch. 6。同樣相關的理論還有瑪麗蓮・布魯爾的最佳獨特性理論，本書第2章註19中有對該理論的描述。

　　研究人員發現，在各種粉絲群體中，群體汙名化、認同和心理健康之間存在聯繫，包括獸迷、小馬迷與日本動漫迷。請參見 Andrew Tague, Stephen Reysen and Courtney Plante (2020), 'Belongingness as a mediator of the relationship between felt stigma and identification in fans', *Journal of Social Psychology* 160(3), pp. 324–31。

第 7 章　度過起落的時光

1　https://www.imdb.com.

2　Julie Burchill, *Damaged Gods: Cults and heroes reappraised* (Century, 1986); quoted in Henry Jenkins, *Textual Poachers: Television fans and participatory culture* (Routledge, 2013), pp. 13–14.

3　更多關於馬克‧查普曼及粉絲圈病態模型的資訊，請參閱Mark Duffett, *Understanding Fandom: An introduction to the study of media fan culture* (Bloomsbury, 2013), ch. 4.

4　Based on papers obtained from the Metropolitan Police by David Clarke at Sheffield Hallam University, via a Freedom of Information request in 2005. More info at https://drdavidclarke.co.uk/2015/05/17/ufo-new-religious-movements-and-the-millennium/.

5　Laura Vroomen (2002), '"This Woman's Work": Kate Bush, female fans and practices of distinction', Ph.D. thesis, Centre for the Study of Women and Gender, University of Warwick.

6　In Fred and Judy Vermorel, *Starlust: The secret life of fans* (W. H. Allen, 1985).

7　來自電子郵件通信。

8　Henry Jenkins (2012), 'Fan studies at the crossroads: an interview with Lynn Zubernis and Katherine Larsen (part two)', available at http://henryjenkins.org/blog/2012/09/fan-studies-at-the-crossroads-an-interview-with-lynn-zubernis-and-katherine-larsen-part-two.html. For more on this subject, see Elizabeth Cohen (2015), 'Sports fans and sci-fi fanatics: the social stigma of popular media fandom', *Psychology of Popular Media Culture* 6(3), pp. 193–207.

9　琳恩‧祖伯妮絲的最新著作為*There'll Be Peace When You Are Done: Actors and fans celebrate the legacy of Supernatural* (Smart Pop, 2020).

10　Casey Johnston, 'The death of the "gamers" and the women who "killed" them', *Ars Technica*, 29 August 2014. Available here: https://arstechnica.com/gaming/2014/08/the-death-of-the-gamers-and-the-women-who-killed-them.

11　對於遊戲門及網路粉絲圈內極化現象背後的認同動態之分析，請參閱 Hannah Abramson (2020), 'Haters, gatekeepers, and stans: the effects of social media on fandoms and the established order', *The Phoenix Papers* 4(2), pp. 119–30.

12　Josef Adalian et al., 'The 25 most devoted fan bases', *Vulture*, 15 October 2012. Available here: https://www.vulture.com/2012/10/25-most-devoted-fans.html.

13　Sarah Hughes, 'Interview – George R. R. Martin: "Game of Thrones finishing is freeing, I'm at my own pace"', *The Observer*, 18 August 2019. Available here: https://www.theguardian.com/books/2019/aug/18/george-rr-martin-interviewgame-of-thrones-at-own-pace-now.

14 Darren Tak Lun Wong and Lefteris Patlamazoglou (2020), 'Bereavement and coping following the death of a personally significant popular musician', *Death Studies*, DOI: 10.1080/07481187.2020.1809031.

15 來自作者訪談。

16 舉例而言，Jimmy Sanderson and Pauline Cheong (2010), 'Tweeting prayers and communicating grief over Michael Jackson online', *Bulletin of Science, Technology and Society* 30(5), pp. 328–40。這項研究發現，在傑克森去世後，粉絲們在推特、Facebook和 TMZ.com 上的貼文內容中經歷了Elisabeth Kübler-Ross開創性的悲傷五階段。.

17 Didier Courbet and Marie-Pierre Fourquet-Courbet (2014). 'When a celebrity dies . . . social identity, uses of social media, and the mourning process among fans: the case of Michael Jackson', *Celebrity Studies* 5(3), pp. 275–90.

18 From Twitter UK: https://twitter.com/TwitterUK/status/686504368456253440.

19 Shelly Tan, 'An illustrated guide to all 6,887 deaths in "Game of Thrones" ', *Washington Post*, 21May 2019. Available here: https://www. washingtonpost. com/graphics/entertainment/game-of-thrones/.

20 Emory Daniel Jr. and David Westerman (2017), 'Valar morghulis (all parasocial men must die): having nonfictional responses to a fictional character', *Communication Research Reports* 34(2), pp. 143–52.

21 《石板》 的《權力遊戲》虛擬墓地位於http://www.slate.com/articles/arts/ television/2014/04/game_of_thrones_ deaths_mourn_dead_characters_at_their_ virtual_graveyard.html.

22 Rosa Schiavone, Stijn Reijnders and Balázs Boross (2019), 'Losing an imagined friend: deriving meaning from fictional death in popular culture', *Participations: Journal of Audience and Reception Studies* 16(2), pp. 118–34.

23 這些雙邊下注策略在心理學上稱為 CORFing——切割反射的失敗——我們在第 2 章中簡要介紹過這概念。有關球迷如何處理其認同威脅的進一步研究，請參閱Nola Agha and David Tyler (2017), 'An investigation of highly identified fans who bet against their favorite teams', *Sport Management Review* 20, pp. 296–308; Elizabeth Delia (2017), 'March madness: coping with fan identity threat', *Sport Management Review* 20, pp. 408–21; 以及Daniel Wann and Jeffrey James, *Sports Fans: The psychology and social impact of fandom, second edition* (Taylor & Francis, 2019), pp. 187–93。

24 Emily Nussbaum, 'Confessions of the human shield', in *I Like to Watch: Arguing my way through the TV revolution* (Random House, 2019), pp. 112–13.

25 www.MJJCommunity.com.

26 Joe Coscarelli, 'Michael Jackson fans are tenacious. "Leaving Neverland" has

them poised for battle', *New York Times*, 4 March 2019. Available here: https://www.nytimes.com/2019/03/04/arts/music/michael-jackson-leaving-neverland-fans.html.

27　See Joon Sung Lee, Dae Hee Kwak and Jessica Braunstein-Minkove (2016), 'Coping with athlete endorsers' immoral behavior: roles of athlete identification and moral emotion on moral reasoning strategies', *Journal of Sport Management* 30, pp. 176–91.

28　關於此項倡議的更多資訊請參閱：https://www.mjinnocent.com/.

29　「Jacco」是 Cockney（按：倫敦工人階級使用的方言）稱呼猴子的俚語，可能源自 Jacco Macacco，牠是 1820 年代的著名鬥猴，聞名於倫敦威斯敏斯特坑鬥獸場（Westminster Pit）的誘猴比賽（monkey-baiting matches）。

30　In Paul Murray Kendall, *Richard the Third* (George Allen and Unwin, 1956), Appendix II, p. 420.

31　他自己承認，他的寫作更多是來自理查三世的對手和繼任者亨利七世的忠誠追隨者。

32　Thomas More, *The History of King Richard III*, ed. Paul Kendall (The Folio Society, 1965), p. 35.

33　*The History of King Richard III*, p. 143.

34　William Shakespeare, *Richard III*, 1. 3. 246 (Cambridge University Press, 1954). （按：本書相關片段翻譯均取自貓頭鷹出版，方平譯，〈理查三世〉，《新莎士比亞全集》）

35　*Richard III*, 1. 1. 14–17.

36　*Richard III*, 1. 1. 19–23.

37　*Richard III*, 1. 1. 30–35.

38　Horace Walpole, *Historic Doubts on the Life and Reign of King Richard III*, ed. Paul Kendall (The Folio Society, 1965), p. 231.

39　Historic *Doubts on the Life and Reign of King Richard III*, p. 220.

40　Jane Austen, *The History of England* in her 'Juvenilia' (Cambridge University Press, 2006).

41　In Jeremy Potter, *Good King Richard? An account of Richard III and his reputation 1483–1983*(Constable, 1983), p. 258.

42　Published in *The Ricardian Bulletin*, September 2020.

43　許多成員第一次聽說這個對理查三世的另類觀點，是從以下書籍讀到：Paul Murray Kendall's *Richard the Third* and Josephine Tey's detective novel *The Daughter of Time* (Peter Davies, 1951).

44　'Well Met'這故事的完整版本可參閱AO3：Archive of Our Own: https://archiveofourown.org/works/2238837. 哈里斯撰寫的其他兩篇理查三世同人

小說發表於：*Grant Me the Carving of My Name: A collection of short stories inspired by Richard III*, ed. Alex Marchant (Marchant Ventures, 2018). 。關於她的寫作與發表作品的更多細節，請參閱https://narrellemharris.com.

45　更多細節請參閱：Anne Sutton and P. W. Hammond, *The Coronation of Richard III: the Extant Documents* (Alan Sutton, 1983).

46　The 'Voice for Richard' project is run by Yvonne Morley-Chisholm: www.yourvoicebox.co.uk.

47　他的名字偶爾會出現在英國國會。《1980年廣播法案》（The 1980 Broadcasting Bill）最初允許公眾代表死者起訴製片人誹謗，但很快便提出修正案，因為每當莎士比亞《理查三世》播出時，理查派都會充分利用這一點。此修正案被稱為「理查三世條款」，只允許對死者死後五年內播出的節目提出申訴。這些資訊來自*Good King Richard?*, pp. 263–4。

48　Philippa Langley and Michael Jones, The King's Grave: *The search for Richard III* (John Murray, 2013), pp. 212–16.

49　Channel 4, *Richard III: The King in the Car Park*, broadcast on 4 February 2013.

50　蘭利目前正在為失蹤王子製作一部電視記錄片，預計於2022年播映。欲知更多其研究的細節，請參閱https://www.revealingrichardiii.com/langley.html.

第 8 章　如我們一般的怪物

1　From transcript of the Columbine 'Basement Tapes', available at https://schoolshooters.info/sites/default/files/columbine_ basement_tapes_1.0.pdf.

2　即使有人認同哈里斯和克萊伯德那令人不安的世界觀，也不太可能採取任何相關行動。對恐怖主義的研究顯示，只有極少數具有激進思想的人訴諸暴力。因此，試圖針對激進思想以預防恐怖主義並非特別有效的策略（也可能引發社會邊緣社群的反彈。有關這種信念與行動脫節的更多資訊，請參閱Clark McCarley and Sophia Moskalenko (2016), 'Understanding political radicalization: the two-pyramids model', *American Psychologist* 72(3), pp. 205–16; 以及Peter Neumann (2013), 'The trouble with radicalization', *International Affairs* 89(4), pp. 873–93。

3　Quoted in Andrew Rico (2015), 'Fans of Columbine shooters Eric Harris and Dylan Klebold', *Transformative Works and Cultures 20*, available at https://doi.org/10.3983/twc.2015.0671.

4　From Jenni Raitanen and Atte Oksanen (2018), 'Global online subculture surrounding school shootings', *American Behavioral Scientist* 62(2), pp. 195–209.

5　Sveinung Sandberg et al. (2014), 'Stories in action: the cultural influences of school shootings on the terrorist attacks in Norway', *Critical Studies on Terrorism* 7(2), pp. 277–96.

6 例如Nina Lindberg et al. (2012), 'Adolescents expressing school massacre threats online: something to be extremely worried about?', *Child and Adolescent Psychiatry and Mental Health* 6:39.

7 摘錄自Jenni Raitanen, Sveinung Sandberg and Atte Oksanen (2019), 'The bullying–school shooting nexus: bridging master narratives of mass violence with personal narratives of social exclusion', *Deviant Behavior* 40(1), pp. 96–109.

8 Tumblr, 6 December 2019.

9 關於這種心理學中稱為「拒絕—認同模型」之效應的更多資訊,請參閱本書第6章,註23。

10 Mark Follman and Becca Andrews, 'How Columbine spawned dozens of copycats', *Mother Jones*, 5 October 2015. Available at http://www.motherjones.com/politics/2015/10/columbine-effect-mass-shootings-copycat-data.

11 Peter Langman (2018), 'Role models, contagions, and copycats: an exploration of the influence of prior killers on subsequent attacks', available at www.schoolshooters.info.

12 2011年7月22日,安德斯‧布雷維克在挪威的兩起襲擊事件中殺了77人,其中69人在青年夏令營中遇害。

13 此留言於2019年3月27日發表在8chan上,即大屠殺發生12天後。

14 Graham Macklin and Tore Bjørgo (2021), 'Breivik's long shadow? The impact of the July 22, 2011attacks on the modus operandi of extreme-right lone actor terrorists', *Perspectives on Terrorism* 15(3), pp. 14–36。一些研究人員指出,校園槍擊案和受政治啓發的大規模殺戮有很多共同點:參見Sandberg et al. (2014); and Nils Böckler et al. (2018), 'Shootings', *Violence and Gender* 5(2), pp. 70–80。

15 數據摘自Anti-Defamation League, New York, www.adl.org.

16 媒體對自殺的報導與自殺率之間的聯繫已得到證實。請參見Daniel Ownby and Wesley Routon (2020), 'Tragedy following tragedies: estimating the copycat effect of media-covered suicide in the age of digital news', *The American Economist* 65(2), pp. 312–29。

17 幸好思想和行動之間只有微弱的聯繫:心理學研究指出,絕大多數人都幻想過在某個時候殺死某人。例如,在德州大學的一項研究中,91%的男大學生和76%的女大學生回報至少有過一次殺人念頭,參見:Joshua Duntley (2005), 'Homicidal ideations', PhD dissertation, University of Texas, available at https://repositories.lib.utexas.edu/bitstream/handle/2152/1897/duntleyj48072.pdf。

有關極端主義思想和極端主義行動之間心理差異的進一步見解,請參見

Clark McCauley and Sophia Moskalenko (2016), 以及Peter Neumann (2013)。

18 關於語言與攻擊之間的聯繫，以及語言分析的預測能力的大多數研究都聚焦於極端主義團體，而不是校園槍擊犯或其他「單獨行為者」。請參見 James Pennebaker (2011), 'Using computer analyses to identify language style and aggressive intent: the secret life of function words', *Dynamics of Asymmetric Conflict* 4(2), pp. 92–102; 以及Lucian Conway III et al. (2011), 'The hidden implications of radical group rhetoric: integrative complexity and terrorism', *Dynamics of Asymmetric Conflict* 4(2), pp. 155–65。

19 為什麼將塔蘭特、布雷維克和科倫拜槍手等恐怖分子描述為「孤狼」無濟於事，更深入的相關分析請參見Bart Schuurman et al. (2017), 'End of the lone wolf: the typology that should not have been', *Studies in Conflict and Terrorism* 42(8): 771–8。

20 See Lasse Lindekilde, Stefan Malthaner and Francis O'Connor (2019), 'Peripheral and embedded: relational patterns of lone-actor terrorist radicalization', *Dynamics of Asymmetric Conflict* (12)1, pp. 20–41; and Clark McCauley, Sophia Moskalenko and Benjamin Van Son (2013), 'Characteristics of lone-wolf violent offenders: a comparison of school attackers and assassins', *Perspectives on Terrorism* 7(1), pp. 4–24.

21 男性連環殺手正是如此，他們佔據絕大多數；女性連環殺手傾向殺死身邊的人。

22 Harold Schechter, *Deviant: The shocking true story of Ed Gein, the original Psycho* (Pocket Books, 1989), p. 238.

23 部分細節首次發表於：Michael Bond, 'Why are we eternally fascinated by serial killers?', *BBC Future*, 31March 2016, available here: https://www.bbc.com/future/article/20160331-why-are-we-eternally-fascinated-by-serial-killers.

24 這些物品於2021年9月15日仍出售中。

國家圖書館出版品預行編目資料

粉絲心理學：偶像狂熱與群性，如何影響社會團結與分裂，和我們的身分認
同 / 麥可‧龐德（Michael Bond）著；郭璞譯. -- 初版. -- 臺中市：晨星出
版有限公司，2024.06
　　面；公分 . — （勁草生活；546）
　　譯自：Fans : a journey into the psychology of belonging
　　ISBN 978-626-320-818-6（平裝）

　　1.CST: 群眾心理學 2.CST: 社會心理學 3.CST: 社會關係

541.773 　　　　　　　　　　　　　　　　　　　　　　113004083

勁草生活 546

粉絲心理學：偶像狂熱與群性，如何影響社會團結與分裂，和我們的身分認同

Fans:
A Journey into the Psychology of Belonging

作者	麥可‧龐德（Michael Bond）
譯者	郭璞
編輯	許宸碩
校對	曾佩琪、許宸碩
封面設計	初雨有限公司（Ivy_design）
美術設計	曾麗香
創辦人	陳銘民
發行所	晨星出版有限公司 407 台中市西屯區工業 30 路 1 號 1 樓 TEL：（04）23595820 FAX：（04）23550581 https://star.morningstar.com.tw 行政院新聞局局版台業字第 2500 號
法律顧問	陳思成律師
出版日期	西元 2024 年 06 月 15 日　初版 1 刷
讀者服務專線	TEL：（02）23672044 /（04）23595819#212 FAX：（02）23635741 /（04）23595493 service @morningstar.com.tw
網路書店	https://www.morningstar.com.tw
郵政劃撥	15060393（知己圖書股份有限公司）
印刷	上好印刷股份有限公司

歡迎掃描 QR CODE
填線上回函

定價 360 元
ISBN 978-626-320-818-6

First published 2023 by Picador, an imprint of Pan Macmillan, a division of
Macmillan Publisher International Limited

AO3上大受歡迎，重新構想這位偉大的偵探與他的同事華生相遇的各種方式，除了在1881年倫敦的聖巴托羅繆醫院（St Bartholomew's Hospital）以外，還可以是朋友或浪漫伴侶的邂逅。到目前為止，根據這個題旨，她已經寫了110種版本。幾十年間，她讓這對夥伴在各種地方相遇：倫敦西區的脫衣舞俱樂部、德對英閃電戰期間的空屋、香港的電腦實驗室、旺茲沃思監獄（Wandsworth Gaol）、國王學院的演講廳、印度的警察局、滑鐵盧車站（Waterloo Station）（他們在那裡以走失兒童的身分相遇）和南華克橋（Southwark Bridge）下的行人隧道。本質上，據她所說，這些都是友誼的故事。「如果沒有友誼，就沒有福爾摩斯和華生。」[41]

在她的演講中，梅里克談到她身為粉絲圈的一分子以及一位同人作家是如何交到朋友，以及這些友情如何「改變了她的一切」。她說：「粉絲圈賦予人們力量。」稍後，我問她想表達的是什麼。她解釋，在「黑人的命也是命」運動之後，有個議題浮出水面，就是社會經常對那些不一樣的人們視而不見。「你能想像自己是個無性戀自閉症閱讀障礙者嗎？你會太特別、太渺小，以至於基本上是隱形的。如果整個黑人社群都是隱形的，你還有什麼機會被看見？但後來，你寫了一篇故事，有人讀了它；或者你讀了一篇故事，而在當中找到共鳴。你就會知道，自己是確實存在的。這就是我所說的力量。」

(singlecrow)）[38]

　　撰寫同人小說可以出自各種原因。這讓人能夠以更完整的方式參與到熱愛的故事中，甚至能夠將其顛覆；進入喜愛角色的心靈世界；在不希望結束的故事中待久一些；透過他人的眼睛探索自己的認同；逃離現實，或嘗試新的現實；或者對不會批判自己的讀者測試寫作技法。同人小說作者經常與所寫的角色發展出長期的擬社會關係，並且可能會自認比原作者還更了解這些角色。[39]創作過程中，作者也會增加人類朋友，因為同人小說創作是一種社交活動。如果你打算把哈利波特帶到J.K.羅琳從未試過的地方，知道其他粉絲已經帶他去過哪裡是很重要的，而且也要參與寫作者的社群。你可以肯定，你與這個社群至少有兩個共同點：對寫作的熱愛，以及對你正在寫的任何東西的熱愛。

　　在我為本書進行研究的早期階段，我參加一場在樸茨茅斯大學（University of Portsmouth）舉行的「粉絲研究」研討會，感覺也像是一種同好聚會，只不過是學術上的。大多數參加者是「學術粉絲」（aca-fans），意即將童年的興趣轉化為學術主題的研究人員。但有一位格外優異的講者並非學術粉絲，而是同人小說的作者與出版者。[40]

　　艾特琳・梅里克（Atlin Merrick）撰寫了超過一百萬字的同人小說，其中超過60%的題材是福爾摩斯。她的福爾摩斯故事在